個性と心を
はぐくむ

2才児
イヤイヤ期の育て方

佐藤眞子

主婦の友社

はじめに

Introduction

2才児は、何でも「自分で」やってみたい、何でも「いや」と言ってみたい、けれども、何をしてもまだとてもへたくそで、だから、大人に守ってもらわなければ何もできない……そのような、とてもややこしい年齢にある子どもです。心があまりにも急激な発達をしている時期なので、自分でもどうしていいのかわからず、混乱したり、もがいたりしています。

この年齢の子どもが引き起こすトラブルに手をやき、イライラして「子育てなんてもういやだ」と、親までが「イヤイヤ期」に入ってしまってはいませんか。「子どもが2才なら、親も2才」という言葉がありますが、

「自立期」にある子どもの内面を理解し、子どもを忍耐強く見守れるように、親も子どもとともに「発達」していかなければならないのかもしれません。

子どもは一人一人個性的ですから、その子が周りの大人に何を望んでいるのか、一人一人違っています。また、子どもが個性的であるのと同様に、親も一人一人個性的な存在です。そのうえ、核家族、共働き、シングルペアレント……などなど、家庭の状況もさまざまです。それぞれの親が自分と自分の子どもに合った子育てのやり方を見いだしていくにはどうすればよいのでしょう。

子どもとの暮らしで、日々奮闘しているあなたに、この本を「応援歌」としてお贈りしたいと思います。

自分のために一杯の紅茶をおいしくいれて、ちょっとやさしい気持ちになって、この本を開いてごらんになりませんか。

2004年 7月

佐藤眞子

目次

contents

赤ちゃん時代を卒業した２才児は、
運動能力の発達のみならず、
言葉を獲得し、外の世界への好奇心も旺盛になり、
毎日エネルギッシュに動き回るようになります。
そんな２才児の成長のあとを、
ママが撮ったスナップから追ってみました。

Prologue

序章
2才児は1年間でこんなに成長します

成長スナップ

1

井上 杏菜ちゃん

のんびり、じっくり物事にとり組むマイペースな性格です。2才のときに妹が生まれたこともあり、お人形を相手にお母さんになりきって遊ぶことがお気に入り。妹のめんどうもよく見るやさしいお姉さんです。

2才0カ月

大人用プールにチャレンジ

大きなプールは少しこわいけれど、
勇気を出してパパのところへジャンプ。
浮き輪を使えば
バタ足のまねもできます。

2才1カ月

お人形のお母さん気分です

バギーにお人形やいろいろなものを入れて、
あちこち押して歩きます。
「いってきます！」と元気なあいさつも忘れません。

2才2カ月

せっけんの感触やにおいも大好き

「きれいきれいしようか〜」
「気持ちいいですか？」
と人形に声をかけながら
洗います。せっけんで泡を
つくるのも楽しみ。

2才3カ月

おしゃれに興味

ママがお化粧している
様子をじっと見て、
それをまねするように。
マニキュアも
塗りたがります。

2才4カ月

動物とのふれ合いも楽しみ

動物に興味が出てきたので、
動物園のふれ合い広場へ。
落とさないように、しっかりと
うさぎを抱いています。

2才5カ月

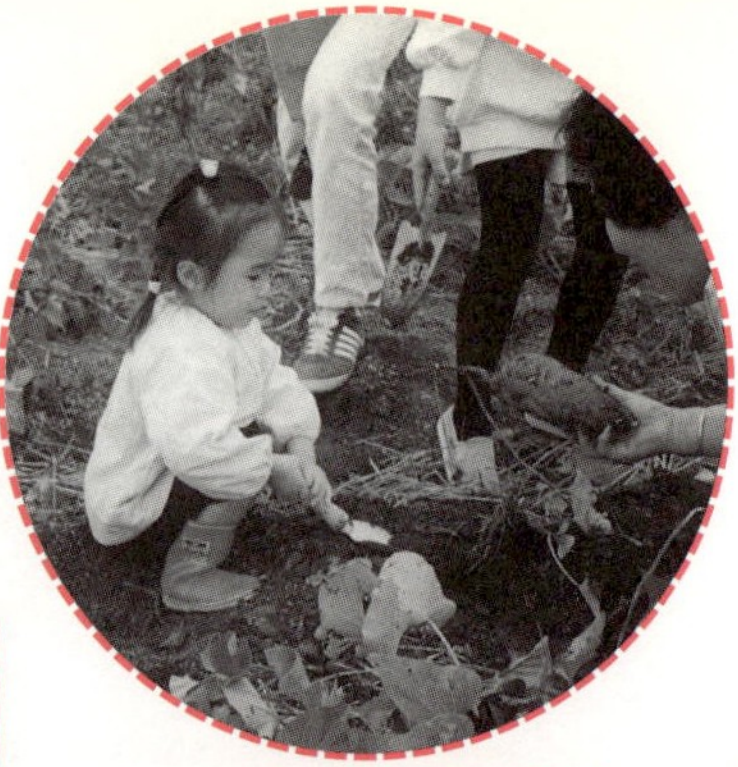

さつまいも掘りを体験

大人が少し手を貸してあげれば、
シャベルで土を掘ったり、
おいもを引っぱり抜くことも
できます。

2才7カ月

おもちも丸められます

大人がおもちを丸めるのを
じっくり見て、同じようにまねします。
自分で丸めたおもちを
たくさん食べて満足。

2才10カ月

お友だちと遊びたいと思うように

電車ごっこで
盛り上がっています。
2才半くらいから、
お友だちと遊ぶことが
楽しくなってきたようです。

成長スナップ 2

堤 啓志郎くん

3才年上のお兄ちゃんの影響は大。お兄ちゃんのやることなすこと、すべて気になるようで、見よう見まねで何にでもチャレンジします。手先が器用で、パーツを組み合わせて作る模型自動車や工作が得意です。

切ったり、はったり、書いたり

自然の落ち葉やどんぐりなどで
自由に工作。
手先も器用なので油性マジックも
じょうずに使えます。

ボール投げもできるよ

ボールプールで埋もれても、
こわがることはありません。
小さいボールなら
手でつかんで投げることも
できます。

2才3カ月

2才2カ月

階段も鉄棒もへっちゃら！

とにかく体を動かすことが大好きで、
公園の遊具もどんどんこなしていきます。
腕の力も足の力もだいぶしっかりしてきました。

興味のあることに熱中

「数」が大好きで、本の中の
イラストなどを見つけると、
数を数えたりもします。

ヒーローは男の子のあこがれ

特にレンジャーものが
大好きで、
１才のころから興味津々。
お兄ちゃんと
格闘することも。

かき氷をこぼさず食べます

近所の夏祭りで大好きな
かき氷をほおばります。
スプーン使いも慣れたもので、
手助けなしで食べられます。

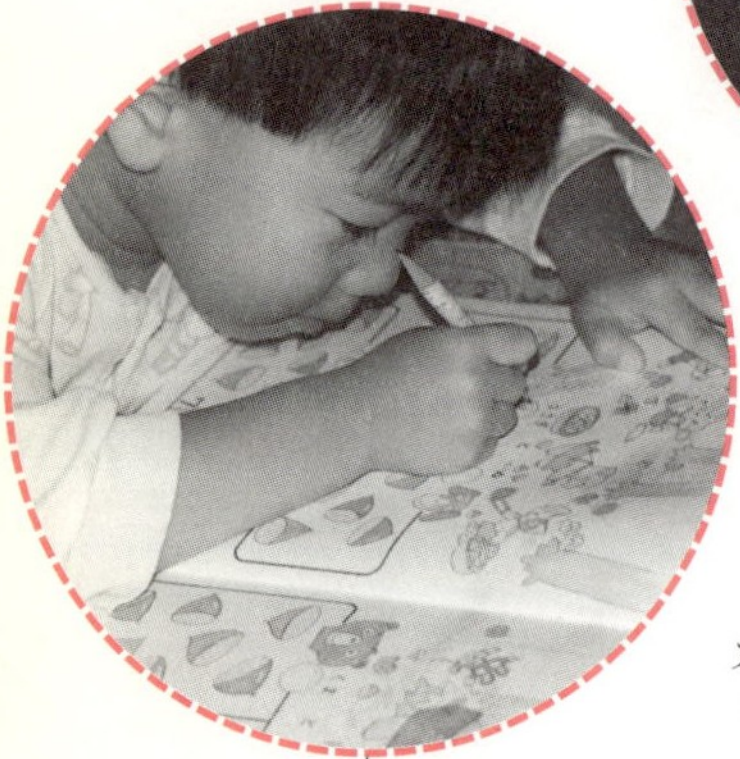

2才11カ月

2才10カ月

2才9カ月

カメラでパチリ

まだじょうずに撮ることは
できないけど、
人のやっていることを
まねして満足します。

海もこわくないよ

大きな海も
アームヘルパーを
つければだいじょうぶ。
水が顔にかかっても
いやがりません。

成長スナップ

3

梅木 花歩ちゃん

生後10カ月から保育園に通っています。5月生まれなので、クラスではリーダーシップを発揮。でも、家では「ママ〜」と甘えん坊の一面も。2才半のとき、ママのおなかに赤ちゃんがいることがわかり、お姉さんの自覚が芽生えました。

2才0カ月

手づかみでドーナツをパクリ

まだまだ手づかみが主で、
テーブルや床に
食べかすをこぼします。
食事よりおやつのほうが
好きみたい。

2才1カ月

亀もさわれます

水族館のふれ合いコーナーへ。
不安ながらも動物への興味があるのか、
おそるおそる手を出し
亀の甲らをなでました。

砂場でお料理ごっこ

お皿やざる、お玉を
じょうずに使い、
砂をまぜてなにやら
お料理を作っている様子。
ママのまね事を
始めるようになりました。

2才4カ月

ひとりでメリーゴーラウンドに乗れるよ

しっかりと棒につかまれば、
ママが支えなくても平気。
遊園地でお気に入りの
乗り物の一つです。

積み木でおうちも作れます

いままではただ積み上げるだけでしたが、
このころから家、お城、すべり台など、
何かに見立てて形作るように。

2才6カ月

スプーンとフォーク使いもじょうずに

保育園の給食。
スプーンとフォークを使い、
ひとりで食べます。
先生の手助けもほとんどありません。

2才9カ月

歯みがきもできます

夜寝る前の歯みがきの
習慣がついてきました。
ひとりでみがいたあとは、
必ずママに「仕上げして！」
とお願いします。

乗り物にも興味が

女の子だけど
ハンドルを握るのは大好き。
展示車に乗って、
運転手気分です。

2才10カ月

2才11カ月

三輪車やシャボン玉遊びに夢中

三輪車のペダルをじょうずにこいで、
坂道も上れるように。
シャボン玉は液をこぼしたりするものの、
3回に1回くらいは成功。

いとこ同士、仲よく遊びます

4才年上のいとこに
ついて回って遊びます。
年上の子と同じことがしたくて、
行動や口ぶりまでまねします。

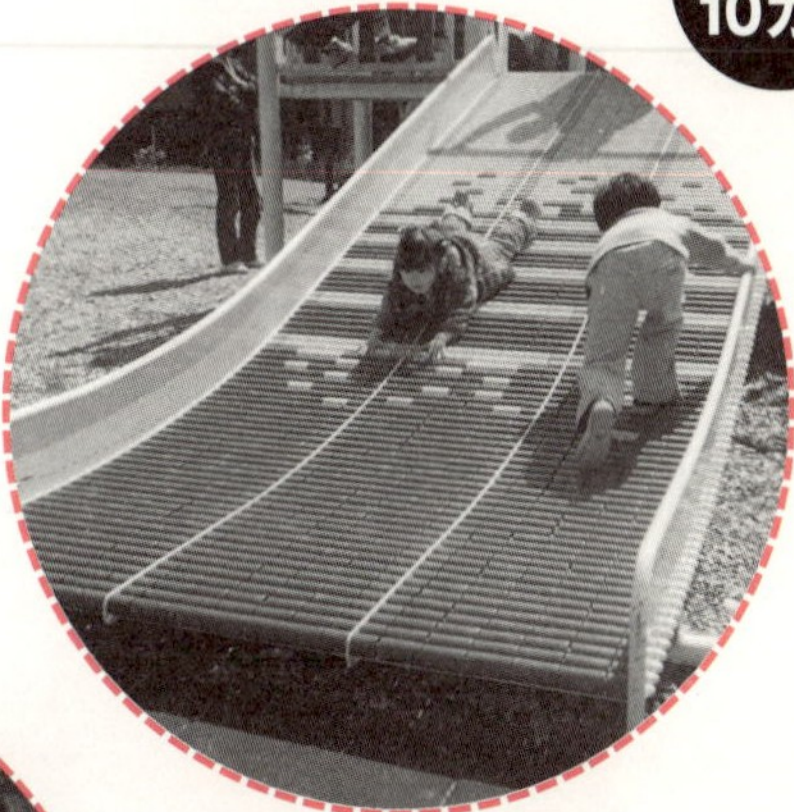

頭からすべるおてんばぶり

親がヒヤッとすることも平気。
頭からすべったり、
下からよじ登ったりと、
運動能力も発達してきました。

2才になると、自分で考え、表現し、
何でもひとりでやってみようとします。
でも、まだ思うようにやれなくて、
たくさんの葛藤《かっとう》を経験していきます。
まさに、育児のむずかしい時期。
2才児を理解して、子どもとともに
困難を乗り越えていきましょう。

part 1

1章
2才児の体と心

part 1

2才児の体の発達

体はゆるやかに成長します

ついこの間まで赤ちゃんだったのに、2才のお誕生日を迎えるころには、もうすっかり赤ちゃんらしさを卒業して、一人前の子どもに成長しています。体重は生まれたときの3倍以上、4倍近くにまでふえているはずです。でも、生まれて3カ月の間に2倍になったことを考えると、1才から2才の間の体の成長は、赤ちゃん時代ほどめざましくはありません。その傾向はますます強まって、2才から3才の1年間の体重の増加は、せいぜい2kgから3kg程度です。

身長の増加率もゆるやかです。2才の初めには85cm前後が平均ですが、3才で92cmと、1年かかって7cmくらい背が高くなります。これも、生まれてから最初の1年間で1.5倍に背が伸びるのと比較すると、ぐっとゆるやかなカーブになります。

発育の標準値とは

厚生労働省は10年に一度、日本の子どもたち1万数千人を対象にして、体重、身長、頭囲、胸囲、運動機能の発達状態などを調べ、

幼児
身体発育曲線

(厚生労働省　平成12年調査)

男子

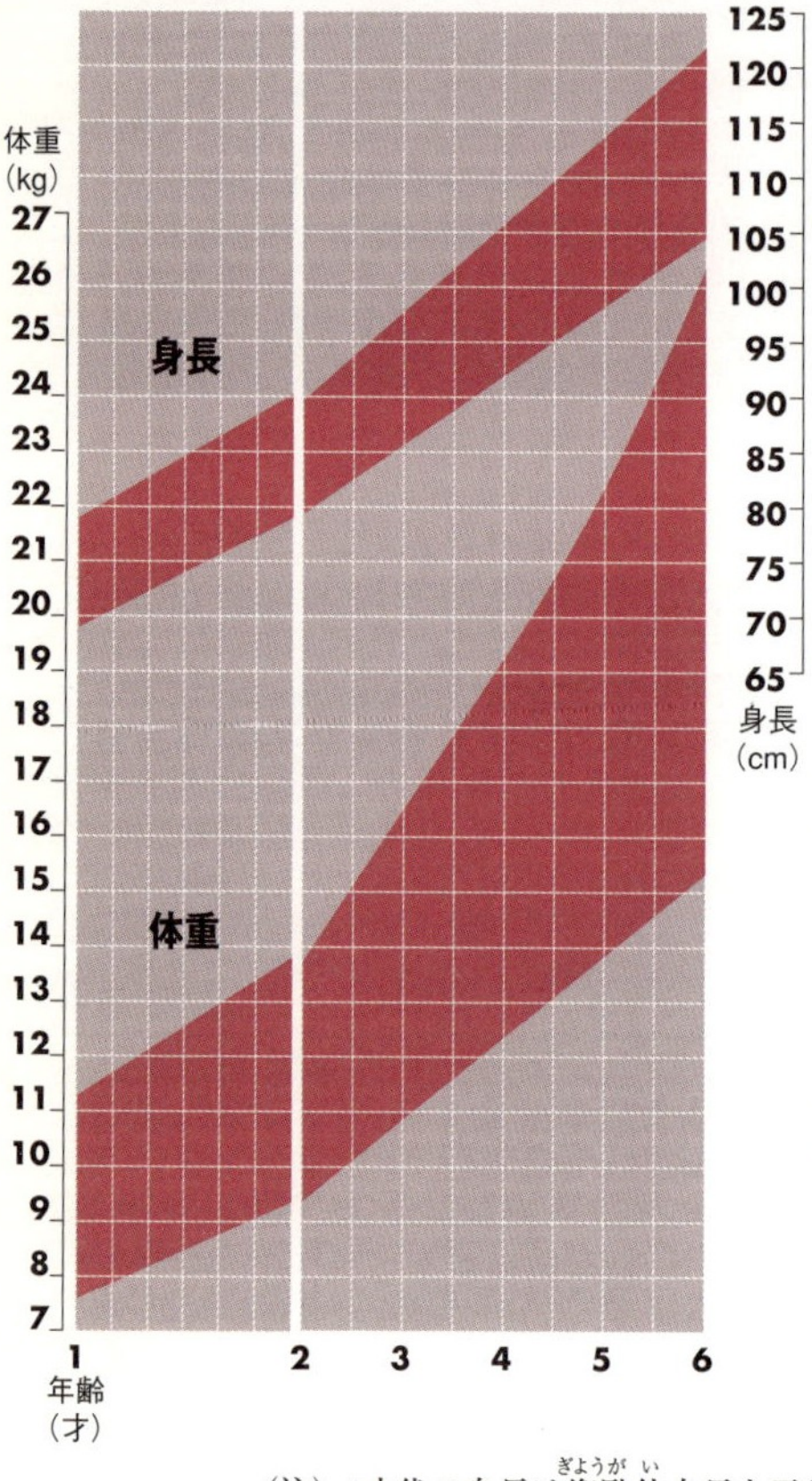

女子

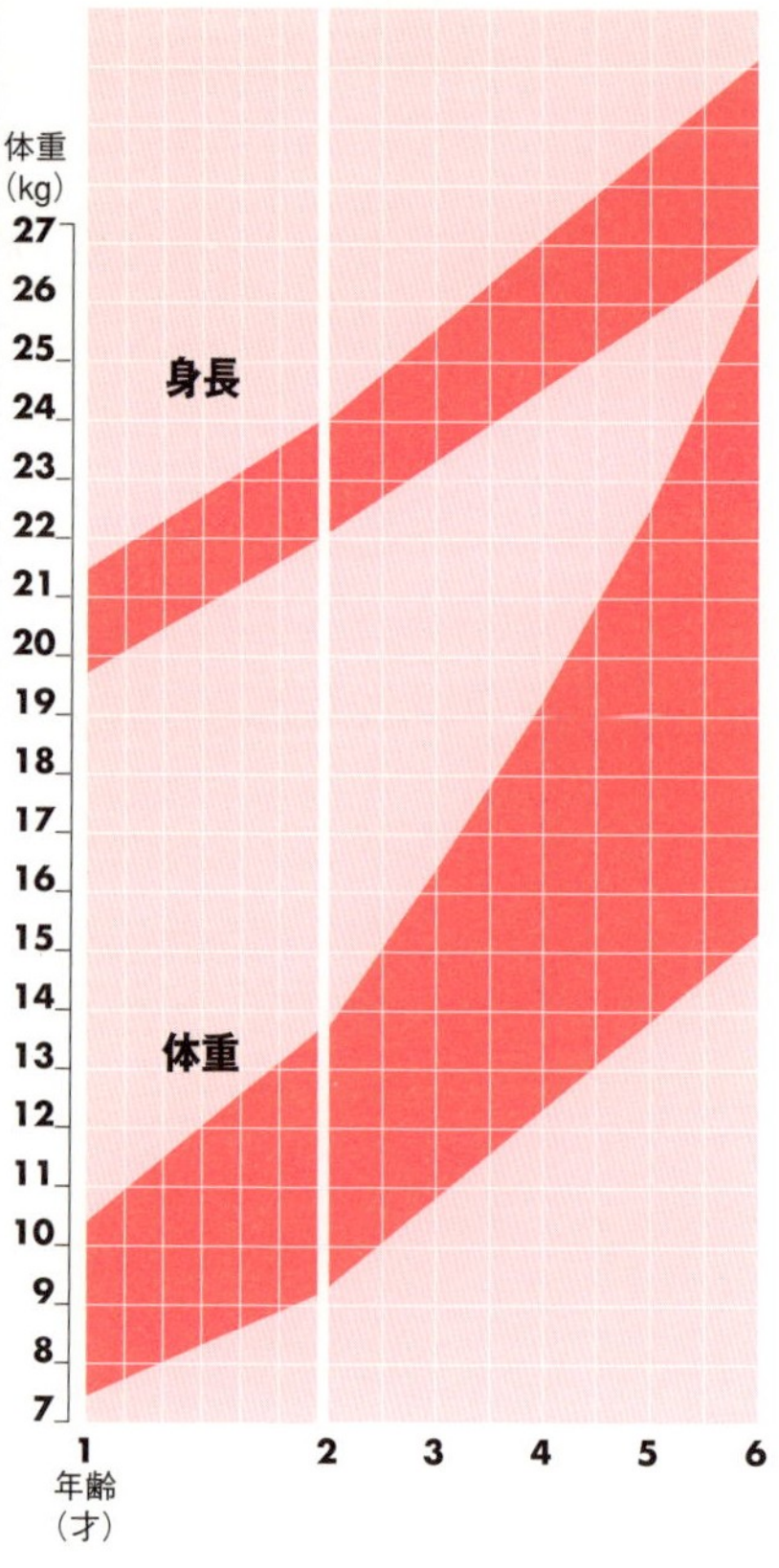

(注) 1才代の身長は仰臥《ぎょうが》位《い》身長を示し、2才以降は立体身長を示す。

日本の子どもたちの標準値をつくります。現在は平成12年に行われた調査の測定値が基準にされています。母子健康手帳にその値がのっていますから、見たことがあるはずです。

19ページの「幼児身体発育曲線」は、現在の母子健康手帳にのっているものです。グラフの色帯の中には、各月齢、年齢の94％にあたる子どもの値が含まれており、この範囲の子どもは発育に問題はないといえます。

このグラフの中に自分の子どもの成長を線で記入してみると、どのあたりに位置しているかがわかります。子どもの発育の目安となるので、ときどきチェックしてみるとよいでしょう。

子どもにも個人差があります

大人には太っている人、やせている人、背が高い人、低い人といろいろいますが、それぞれ健康に暮らしています。それと同じように、子どもにだって、太めちゃんも、やせっぽちくんも、のっぽくんも、ちびちゃんもいてあたりまえ。

子どもはみな同じように発達・成長すると思いがちですが、体重や身長をほかの子と比較して一喜一憂するのは賢明ではありません。19ページの幼児身体発育曲線の色帯の中に位置していれば、まあまあ普通の成長ぶりと考えてよいのです。子どもの成長にも個人差があって、その子なりのペースで大きくなっていくものですから、あまり神経質になりすぎず、ゆったりと構えて、成長を見守るようにしましょう。

また、体重・身長を個々の数字で別々に評価するのも不適切です。たとえば、身長が色帯より上のほうに位置しているのに、体重が色帯より下に位置しているようだと、相当のおやせさんですが、体重・身長とも色帯の下のほうに位置している場合は小柄な均整のとれた体つきといえるでしょう。

発育は成長の流れの中でとらえましょう

子どもは絶えず連続して成長しているものですから、ある1点だけをとらえて順調に発育しているかどうかを考えるわけにはいきません。生まれてからこれまでの成長のあとを線でたどって、順調かどうかを判断するようにしましょう。

しかも成長は直線的に進むとは限りません。これまでに、かぜが長引いたりして体重がちっともふえなかったということはありませんでしたか。そういうときでも、体の調子が回復すると、再び体重のふえ方がよくなって急速に遅れをとり戻すといったことが起こるものです。

いろいろな条件によって、成長のスピードは違ってきますから、1年、2年という長い時間の流れの中で発育をとらえることがたいせつです。

part 1

体の機能と運動能力

自分の力で免疫をつくり出し丈夫な体になります

赤ちゃんから子どもへの最初の飛躍をとげる時期は、2才前後といわれています。たとえば、2才を過ぎると急にかぜひきの回数が減ってきたと気づくはずです。何の問題もなく生まれてきた赤ちゃんは、お母さんからたくさんの免疫体《めんえきたい》をもらってきますが、生後半年もたつと、ほとんどの免疫は消えてしまいます。その後は、かぜをひいたり、熱を出したり、せきが出たり、一年じゅう、お医者さまとの縁が切れなくて、不安に思ったお母さんも多いことでしょう。

それが2才を過ぎるころになると、お母さんからもらったのと同じくらいの免疫を自分の力で身につけるようになります。そのため、かぜひきの回数はぐんと少なくなり、病院通いからも遠ざかるようになります。

跳んだり走ったりがじょうずにできます

2才のころは、歩いたり、走ったり、跳んだりという運動面での基本的な機能が大きく伸びる時期にあたります。子どもは、どんどん獲得していくこのような力を、自分で思う存分発揮させたいという衝動にあふれています。そして、この衝動を十分に満足させて育ってきた子は、どの子も、3才近くなると見違えるほどじょうずに歩き、走り、跳ぶことができるようになります。

お話ししたり歌ったりしながら30分くらい歩きます

1才の終わりごろから、歩くことはとてもじょうずになります。2才を過ぎると、ゆるやかな坂道の上り下りも平気でこなし、10㎝前後の段差を越えたり、階段の上り下りもできるようになります。ショッピングや散歩で30〜40分は歩けます。もっとも、ただ黙々と歩くのではなく、お父さんやお母さんと手をつないで、周囲の風景について話したり、歌を歌ったりという楽しい雰囲気がないといやがります。

少し疲れたり眠くなったりしてくると、だっこやおんぶをせがんでぐずることもまだまだ多いころです。お天気のよい日は、リュックの中におやつを入れて、近くの公園まで歩いて行くことをおすすめします。

飛び降りも大好き！

階段の上り下りは絶好の冒険で、散歩の途中に階段を見つけると、わざわざ遠回りをしてでもそこを通ろうとします。デパートやスーパーでも手すりにつかまってよじ登ろうとします。エスカレーターにも興味を示しますから、危険のないように、子どもから目を離さないように注意しましょう。

階段をマスターすると、次は階段を何段か飛び降りる遊びに熱中します。最初はお母さんの介添えを求めるぐらい慎重ですが、月齢が進むにつれて大胆になり、ある日突然ひとりで飛び降りることに成功します。

「いち、に、さん！」と、声をかけてあげると勇んで飛び降ります。このとき「危ない！」「ダメよ！」などと言って、せっかくの冒険心の芽をつんでしまわないように。危険物をとり除いてあげるなど、積極的なフォローを心がけたいものです。

すべり台もボール投げもOK

公園などにある本格的なすべり台でも、親の助けなしに、ひとりで上ってすべれるようになります。何回でも飽きずに繰り返しますが、何人かの子どもがいっしょにすべっているときは、突発的な事故も予想されるので、必ず大人がそばについて、見守るようにしましょう。

ボールをポンと投げることもできるようになりますが、受けとることはまだ無理です。3才近くなると、おもちゃのバットを振ることも好きになりますから、親が球をコントロールよく投げてあげれば、野球のまね事もできるでしょう。

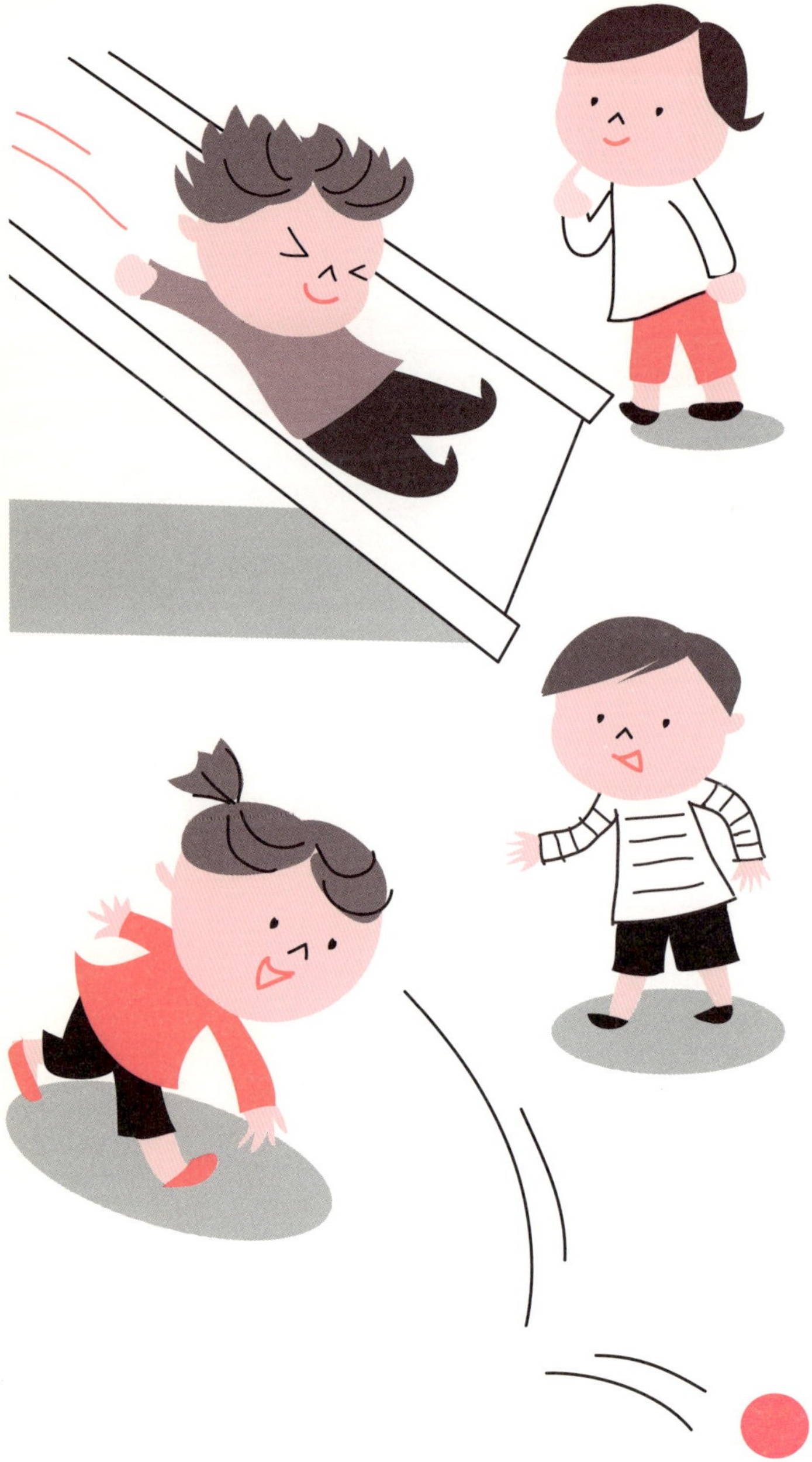

part 1

心の発達

「いや」と「はい」

2才になって、身体面よりもめざましい成長を見せるのは精神面です。たとえば、自我が芽生えてくるために、盛んに「いや」を連発するようになります。

おもちゃを片づけるのも、汚れたシャツを脱ぐのも「いや」で、ときには大好きなバナナをもらうことさえ「いや」になります。「いや」をおもしろがって言うことも多いのです。でも、「なんて悪い子になったんだろう」と思わないでください。この「いや」という行動は、子どもが自分自身をとらえていくために、とてもたいせつな働きをしているのです。

機嫌のいいときは「はい」と言って、頼んだことをしてくれます。「○○を持ってきて」「○○と△△をテーブルの上においてね」というように二つのことを頼んでも、ちゃんとできるようにもなります。

自分自身の要求が制限されたり禁止されたりするとき、どこまで「いや」を押し通し、どのあたりで「はい」と言って受け入れるかが、2才前後からの子どもにとって大きな課題になります。繰り返しますが、自分の要求をいっさい放棄して、おとなしく親の言うことを聞く子が「よい子」なのではありません。自分なりの解決法がつくり出せるように、大人は援助してやりたいものです。

何でも自分でやりたい！

何でも自分でやりたがるようになり、それまでのようにお母さんにしてもらうことをいやがるようになるのも、この時期の特徴です。食事も自分で食べないと気がすまないし、着がえのときは、ひとりで服を着ると言い張ります。外出のときは、くつをはくのも「自分で」です。左右をまちがっているからはきかえさせようとしたり、時間がないからお母さんが手を貸そうとすると、大騒ぎになります。

このようにして、子どもは「自分が自分であること」を確かめながら成長していくのです。手を出したくなるのをがまんして、少しぐらいへたくそでも「ひとりでできたこと」を認めてあげましょう。

いろいろ聞きたくてうずうず！

2才になったのに、まだほとんど言葉を話せないという子もいる一方で、たくさんの単語を使ったり、二つ以上の語をつなげてお話ができるという子もいます。言葉の発達の個人差が大きい時期です。

「言葉がほかの子にくらべて遅れている」ということをとても気にするお母さんがいますが、日常の暮らしの中で大人の言葉を聞いて理解しているようなら心配いりません。体の中にたくさん言葉をため込んでおいて、やがてそれをじょうずに表現することに夢中になる日が来ますから。

疲れを知らずに、子どもは「あれ、な～に?」「これ、な～に?」と人さし指でさしては尋ねます。答えてもらうと、すぐに自分で繰り返して言ってみます。繰り返し聞き、それをまねて言ってみることでじょうずに言えるようになります。「な～に?」と尋ねられたら、その物の名前を教えるだけでなく、色や形、何をするためのものなのかということも説明しましょう。子どもは、たくさんの言葉で楽しく話しかけられるのが大好きですから。「これ、な～に?」の言葉には、文字どおりの「これ、な～に?」を聞きたい気持ちだけでなく、「このように聞けば大人が自分の相手をしてくれるはず」という期待感が込められてもいるのです。

子どもがいろいろな言葉を身につけていくことは、周りの大人にとっても、とても楽しみなことです。言葉を一つ一つ獲得していくことで、子どもの知性はさらに広がり、人とのかかわりも深まりを増していきます。

絵本や歌も楽しめます

絵本を読んでもらうのも大好きです。いつも読んでもらうものを暗記していて、大人が途中をちょっと省略したりするととても怒ります。ひとりでページをめくりながら絵を楽しんだり、自分で読むまねもします。散歩に行く、車に乗る、ごはんを食べる、おふろに入るなどといった生活を再現させるような内容の絵本は大好きなので、楽しく会話を交わしながら読んであげましょう。特に食べ物の絵が好きという子も多いようです。お父さんやお母さんが、子どもの好きな食べ物の絵を描いたり、写真をはったりして、手作りの絵本を作るのも楽しいですね。3才近くになると、おしゃべりが盛んになって、絵を見ながらいろいろなお話をしてくれます。

「よかったね」「かわいそう」など、ストーリーを楽しみながら、喜んだり、悲しんだりする気持ちを知るようになることもたいせつなことです。

絵本の中のリズミカルな言葉も好きですが、テレビで歌われるやさしいリズムとメロディーをもつ歌なら、記憶して歌えるようになります。カセットテープやCDで童謡を聴かせているお母さんもいますが、絵や写真を見ながらお母さんがいっしょに歌ってあげるといいですね。歌に合わせて体を動かすのもじょうずですから、ときには親子でリズミカルに体操でもしてみましょう。

絵本を読んでもらったり、歌を歌ってもらったりという時間は、子どもにとってもっとも心なごむ時間なのです。

part 1 心の発達

豊かな感情表現

2才になると感情がこまかく分化し、表現もとても豊かになります。うれしいことがあると、言葉で言うだけでは追いつかず、全身でうれしさを表現します。まるでダンスを踊っているようです。

動物や花など植物に対する愛情も芽生えてきて、子犬や子猫、うさぎなど飼っている動物をかわいがって抱き締めたり、花を見て「きれいね」と言い、枯れると「かわいそう」と反応します。嫉妬もしますが、自分より小さい子をかわいがる気持ちも出てきます。テレビを見ていて同感する場面があると拍手をし、笑い、喜びます。テレビの中で体操をしていれば同じようにまねし、歌を歌っていれば口ずさむなどして、楽しさを共有します。

いやなことに対する過剰なまでの反応は、怒ってかんしゃくを起こすといった場面だけでなく、大人から見たらなんでもないような置物やお面を恐れたり、物語を聞いてひどくこわがったりするというような場面でも見られます。2才になるとこわがる対象が違ってきますので、それまで平気だった人をいやがったり、ある場所に急に近づこうとしなくなったりして、親が驚かされるときもあります。

また、大人に対してもオーバーな反応を期待します。たとえば、ブロック遊びをしていてうまくできたと思い、お母さんに「見て！」と言ったとき、お母さんがいいかげんに「あ、できたね」などと答えると、「ちゃんと見てない！」と言って怒ります。自分と同じように感激して、おおげさに「すごい！」とほめてほしいのです。

以下でとり上げる2才児のいろいろな「問題」とされる行動は、みな情緒の分化が進んだことのあらわれです。このように感情が豊かに表現できればできるほど、2才児としての発達が順調であると考えられるわけですから、とまどうことなく対応していきましょう。

気になる2才児の行動1

かんしゃく

2才児はかんしゃくを起こす天才です。友だちと遊んでいておもちゃをとられたとき、お兄ちゃんやお姉ちゃんに無理やり何かさせられそうになったとき、お母さんに遊びを中断させられて「おふろに入ろう」「ごはんよ」と言われたとき、まだ外遊びをつづけたいのに、「もう帰りましょう」と言われたとき、自分でくつや服を脱ぐつもりだったのに大人が手を貸してしまったとき、買い物に行ってほしいものが手に入らないとき、そのほか日常のあらゆる場面で、すぐにかんしゃくを起こします。

その表現の方法はいろいろで、おもちゃを投げたり、身近なものをたたいたり、キーキー奇声を発して手足をばたつかせたり、自分の指をかんだりなどが代表的なパターン。人目の多いところでこのようなことをされると、親は恥ずかしくてどうしたらいいかわからなくなってしまいます。しかも、一度かんしゃくを起こすと、ちょっとやそっとでは機嫌が元に戻りません。気分を変えさせようと、いろいろ楽しいことを言ってみても、頑固にこだわりつづけます。

あまりに長くおさまらないようでしたら、じっと抱き締めてあげると落ち着くことが多いようです。

とにかく気に入らない!!
1
自分ではけたよ
ジャーン
わぁすごーい!!
2
でも左右反対だね。直してあげる
イヤッ
3
わかったわかった元にもどすから・・・
ゴメンってば・・
イヤ〜〜〜ッ!!
わーん
4
ビエ〜〜ッ
ギャー
どうすりゃいいのよハァーー
ダメ

part 1 心の発達

気になる2才児の行動②

反抗

子どもは、とにかく「いや」という言葉が大好きです。「ごはんにしようか」「いや！」、「暑いから帽子をかぶろうね」「いや！」、「寝る時間だからお布団に入ろうか」「いや！」と、朝から晩まで「いや」を連発します。

でも、機嫌がいいときは「はい」とすばらしい返事もできます。ところが、いったん風向きが変わるともうたいへん。何を言っても「いや」「いや！」「いやっ！」。

「いや」と言えるのは、自分の考えを主張できてきた証拠。それが大人には反抗に見えるのです。2才ごろから始まるこの現象は、第一反抗期とも呼ばれ、3～4才までひどくな

って、4～5才でおさまるのが普通です。この時期に反抗しない子は、のちに問題を起こしやすいとも考えられているので、反抗期はむしろ喜ばしいことと受けとりましょう。

「いや」と言われて生活がスムーズに流れないときは、親も作戦開始です。「ごはんは、きょうは食べないことにしようね」「寒いけどコートは着ないほうがいいわね」と言うと、「いや、食べる」「いや、着る」という返事が返ってきて、ニンマリすることもあります。

3才近くなると、都合の悪いことを言われると無視したり、話をそらすといったテクニックも身につけてきます。「きちんとすわって食べなさい」と言っても、そのままの姿勢でごはんを食べつづけたり、「こぼさないようにね」と注意すると、「ママ、この赤いのな～に?」と聞いてきたり、駆け引きがめっきりじょうずになります。

気になる2才児の行動 3

何でもしたがる

「自分でする」喜びを一度見つけた2才児は、事あるごとにお母さんと衝突するようになります。朝起きてパジャマを脱ぐことから始まり、服を着る、顔を洗う、ごはんを食べる、外出する、おふろに入る、そしてパジャマを着て眠りにつくまで、多忙で時間に追われるお母さんとの戦いは、連日連夜つづきます。

おふろでは自分の体を自分で洗いたがるようになり、よく洗えていないので大人が洗い直そうとするといやがります。おふろから上がって湯冷めしないうちにパジャマを着せると、怒っていったん自分で脱いでから、もう一度着ます。おやつにバナナの皮を自分でむきたがりますが、うまくできないのでお母さんが手伝うと、怒って新しいバナナを要求します。食事はちょっとでも親が手を出すと払いのけます。でも自分で食べるのはまだへたくそなので、食卓は食べこぼしで見るも無残なことになります。

外出先などでは、お母さんも周りの人に気をつかってどうしたらいいかわからなくなることがあります。たとえば、駅の改札口で切符を持ちたがる、混雑している階段をひとりで上り下りしたがる、ファミリーレストランで自分で食べたがるといった場面では、親のほうがイライラしてしまいますね。

自分でやれるの!!
1
ママー ヨーグルト 食べるー ヨーグルトー
ベリッ
はい どうぞ
…
2
うわーん!!
自分で… 自分で…
自分があけるのー
わー
3
はい 新しいの…
ヒック ヒック
4
ヨーグルト もう ないよ…
こぼれたのーっ うわ… うわ… うわーーん
ビッ
バシャ

part 1

心の発達

気になる2才児の行動④

おせっかい

おせっかいというと言葉がよくありませんが、何にでも興味をもつために、いいにつけ悪いにつけ、何でもやりたがります。特に、大人に何かを頼まれるのはうれしいようです。別にお手伝いという感覚ではなく、遊びなのですね。

ゴミを捨てる、おもちゃや絵本をしまう、たんすをあけてお兄ちゃんのパジャマを出す、お茶わんを並べる、お父さんがシャワーを浴びているとパンツを持っていってあげる、お隣のおばちゃんに町内会のお知らせを届けるなどなど、いろいろなことができます。じょうずに誘導すれば、けっこう戦力になってく

お手伝いはまかせて!!
1
シャー
ママー 着がえ出しておいて～
2
ゴソ
ガサ
あ これらっ

れることもあるのです。でも、いったんやる気がなくなってしまえば、テコでも動いてくれませんから、あまりあてにはなりません。お手伝いというよりは、何かを自発的にすることで、自立心、積極性を養っているというように解釈したほうがよいでしょう。

　お父さんやおじいちゃん、おばあちゃんは、おちびさんが何かしてくれると、とてもうれしくてとろけそうな表情になりますね。その表情こそ、子どもの感性を育て、やる気をはぐくむもとになっていくのです。

　また、年下の子に対しては、いっしょに遊んでいてあれこれ指示するようになります。自分の三輪車を持ってきて「これに乗りなさい！」と命令口調で言い、それでも年下の子がほかの遊びをしようとすると「ダメ！」と言って妨害したりします。

気になる2才児の行動5

気まぐれ

赤ちゃん時代は「眠いのかな?」「おなかがすいたのかな?」「卵が食べたいのかな、それともトマトかな?」とすべてこちらから推測していたものが、1才半を過ぎて言葉でコミュニケーションできるようになると、育児はとても楽になりますね。「もっと食べる?」と聞いて「いらない」と言葉や、首を横に振るなどのしぐさで答えれば、「残るともったいないから、ママ食べるわね」と言って食べてしまえばいいのです。ところが、2才前後から少し様子が変わり始め、またややこしいことになってきます。

「食べる?」と聞いて「食べない」と言うか

らお母さんが全部食べてしまうと、そのあとで「食べる！」と言ったりします。「あら、食べないって言ったから、お母さんが食べちゃったのよ」と言っても納得しません。「食べる！」の一本やりで大人を困惑させます。「行く」「行かない」、「好き」「嫌い」、「おしっこが出る」「出ない」、「眠い」「眠くない」、「貸す」「貸さない」などなど。生活のあらゆるシーンでお母さんは、2才児の気まぐれに振り回されて、くたびれてしまいます。

一つの遊びに集中する時間が短くて、すぐに興味がほかに移っていくのもこの年ごろ。2才児が集中できる時間は、せいぜい5分から10分といわれています。おもちゃをほったらかしにして次々と違う遊びを始めるので、片づけが一苦労です。

何事につけ大人の目から見ると「気まぐれ」に見えるのが、この時期の特徴です。

気になる2才児の行動 6
やきもち

お母さんをほかの人にとられると猛烈な勢いで怒ります。家にだれかが訪ねてきてお母さんと話していると、なんとかして話を妨害しようと、涙ぐましい努力をします。「おばちゃんは上がっちゃダメ」と玄関先で言うのを皮切りに、「おしっこ出ちゃった」「のど渇いた」と言って手をわずらわせたり、絵本を持ってきて「これ読んで」と言ってみたり、ありったけのおもちゃをひっくり返して注意をひこうとしたりします。お母さんが電話をかけていると、必死で妨害しようとするのも同じ気持ちからくる行動かもしれません。

上に兄姉がいる場合は、お兄ちゃん、お姉

ちゃんがお母さんのひざにすわると、飛んできて払いのけ、自分がすわります。お兄ちゃん、お姉ちゃんがあきらめると、安心して自分も遊び始めます。

下に赤ちゃんができた場合のやきもちは、しばしば育児書にもとり上げられています。やきもちのあらわし方は子どもによって違いますが、赤ちゃんにいじわるをする、攻撃的になるというパターンが多いようです。

お母さんがお父さんと仲よくしているのも気になるようです。ふたりが楽しそうに話していると、なんとかしてふたりの注意を自分に向けさせようと、やっきになっていろいろな行動を起こします。

ほかの子がお母さんの片手を握ったりするのも許せません。あわてて飛んできて、その手を払いのけたり、自分も残っているもう片方の手にぶら下がったりします。

part 1 心の発達

気になる2才児の行動⑦

わがまま

2才児はまだ他人を思いやるという気持ちがなく、非常に自己中心的です。何をするにも自分がすべて。大人から見ると、それが「わがまま」とうつるのでしょう。

きょうだいがいるときは、何をするにも自分を一番にしてほしいという思いから「きのうはケンくんが先だったから、きょうはお兄ちゃんが先ね」と言っても通用しません。また、見ていないので絵本を片づけると、「ダメ！」と言って怒る、お菓子を買ったばかりなのに別のお菓子を買ってとせがむ、友だちのおもちゃを自分のものにしたがる、小さい子がほかの友だちと遊んでいると「ダメ、マリちゃんはボクと遊ぶの」と言って妨害するというぐあいに、すべて理不尽な行動ばかりが目立ちます。

こんなにだだをこねてばかりで、この子はいったいどうなるんだろうかと親は悩んでしまいます。事の善悪ばかりを大人の尺度ではかる結果、つい感情的になって子どもを怒ったり、たたいたりすることも多くなっていませんか。

2才児は、さまざまな行動の基準を身につけ始めたばかりなので、わがままと見える行動に対しても、まだまだ親が気長に対応していくしかないのです。

とにかく自己中心！
1
これがほしいのー 買うのーっ
もー 仕方ないわねー
2
ところが…
ポタッン…
新しいのは使わないのかしら…
アイアイは
おかいものいくのよー
3
ねえ このパンダさんで遊ばないの？
4
あっ
ボカッ
コッチがいーの!!

part 1 心の発達

気になる2才児の行動 8

けちんぼ

自分がいま使っていなくても、ほかの子が自分のおもちゃを使おうとすると、ひどく怒ります。「ダメ、これユウちゃんの」と言ってとり返し、以後は二度ととられないように、しっかり握りしめています。

また、よその人が自分の持っているぬいぐるみを見て「かわいいくまちゃんね、おばちゃんにちょっと見せて」と言っても、なかなか手放そうとしません。お母さんが「ちょっとおばちゃんに見せてあげたら？」とアドバイスすると、しぶしぶ手渡したりします。

他人と自分自身の区別がつき始めたばかりの子どもにとっては、「自分のもの」は自分

の体の一部のようで、他人に簡単に手渡すことなどとんでもないことなのです。こうしたことは、おもちゃのやりとりだけでなく、たとえば自分の洋服をお友だちに貸してあげるなどということは、2才児にとってはもっともいやでたいへんなことのようです。

それに第一、2才児では「貸して」と「ちょうだい」の区別がつかないことも多く、そのために友だちとトラブルを起こすこともしばしばです。二人の幼児が一つのおもちゃをつかんでどちらも譲らないという光景はよく見られますね。

しかし、3才近くなると、だんだん「借りたもの」と「もらったもの」の区別がつくようになります。自分自身の輪郭がはっきりしてきたためで、自分の中にとり込んでよいものと、とり込めないものとがわかってくるからなのです。

part 1 心の発達

気になる2才児の行動 9

赤ちゃん返り

下に妹や弟ができると、いままでの生活習慣がガタガタになって、赤ちゃんに戻ってしまうことがあるという事例はよく知られています。お母さんが下の子におっぱいをあげていると、「おしっこが出る」とか「お水を飲みたい」などとグズグズ言って親を困らせます。また、おしっこを教えなくなって、再びおむつに戻る子もいます。そうかと思うと、夜のおむつをいやがって、それでも親が強引におむつをしようとすると、キーッと叫んでパニック状態になったりします。

また、赤ちゃん返りとはちょっと違いますが、下の子に手がかかるので、どうしても上

の子とのふれ合いの時間が少なくなり、言葉の発育が遅くなったり、あまり話さない子になることもあります。

きょうだいができた場合でなくても、自宅に赤ちゃんが遊びにきたりすると「ぼくも赤ちゃんする」と言って、いっしょに哺乳びんで牛乳を飲んだり、ハイハイをしたりと、赤ちゃんのまねをします。「赤ちゃん」と言って、お母さんにだっこされるのは大好きです。来客や食事の支度などで忙しいときも、赤ちゃんのしぐさで親の関心をひこうとします。

赤ちゃん返りかな、と思えるときは「もう大きくなったんだから」「2才のお兄ちゃんでしょ」などと言わないで、ときにはうんと甘えさせてあげることも必要です。自分はとても大事にされているんだ、ということを体で感じられたら、また2才児としてがんばれるはずですから。

part 1 心の発達

気になる2才児の行動10

順番嫌い

そろそろ幼稚園を考える年齢になってくるので、集団の中のわが子が気になりますね。でも、この年代はまだまだ集団生活が苦手な時期です。砂場などでおもちゃのとりっこになったとき、「順番に使おうね」「いっしょに使うといいよ」と大人はアドバイスしますが、2才児は「順番なんか大っ嫌い！」「いっしょはイヤ！　ぼくだけが使うの」という反応を示します。「お菓子をあげるから順番に並んでね」などと言っても、だれも順番なんか守りません。

2才児では、砂場での遊びも何人かが協力をして大きなトンネルを作るようなことはまだできません。一人一人がかってに遊んでいる並行遊びの段階です。たとえば、一人の子どもがおだんごを作っていると、ほかの子もそのわきに行っておだんごを作り始めますが、子ども同士はお互いに交渉をもつわけではありません。それでも、友だちの中にいることは楽しいと感じています。友だちが違う場所へ移動すると、自分もいっしょになって移動したりします。

自分の欲求を集団の中でコントロールできるようになるには、まだまだ時間がかかります。それまでに、親や友だちとの多くの衝突をへなければなりません。

並ぶの大っキライ!!
1
すべり台
しゅーー
するー
2
!
わー
3
順番だよ!!
ドン!
4
うわーーん!!
いたい
ころんだー
しゅーー
するーー
並ぼうね

part 1 心の発達

気になる2才児の行動⑪

ひっこみ思案、泣き虫

公園に連れていくと、おおぜいの子どもの中に入れなくて、お母さんにベッタリくっついている子がいます。お母さんがイライラして「みんな楽しそうだね、はるかちゃんも行ってごらん」と強く言えば言うほど、子どもはこわがって動こうとしません。次の日は、その公園に行こうと言うだけでいやがります。お母さんがいっしょに遊んでくれるならば平気な子もいますが、そっと抜け出そうとすると、あわててあとを追ってきます。ただし、自分が先に遊んでいて、あとから友だちがふえてくるには抵抗がないことも多いようです。

すべり台なども、自分ひとりだとやってみ

るのに、たくさんの子が集まってくるとやめてしまうこともあります。また、ちょっと相手が近づいてきたり、ほんの少しの要求を聞いてもらえなかったりしただけで泣きだす子もいます。たとえば、隣の子が「シャベル貸して」と言っただけで泣きだし、あわてて返してもいつまでも泣きつづけます。

こうした行動は、過敏で、集団や友だちの圧力を必要以上に感じる子どもに多く見受けられます。一つの個性と見ることもできますが、遊び場や友だちに不慣れで、状況に対する働きかけ方や応じ方がわからないために、警戒したり、不安になったりしているのでしたら、経験を積ませるしかないでしょう。

また、親自身が子どもに密着しすぎて、その子を精神的にとり込んでしまっている場合にも、子どもにこうした行動が見られます。思い当たる節はありませんか。

気になる2才児の行動 12

けんか、いじめっ子、いじめられっ子

この時期は、おもちゃのとり合いなどで、ぶったりぶたれたり、かみついたりかみつかれたりという機会が多くなります。また、なんでもないようなときに、突然友だちになぐりかかったりすることもあります。やられるとやり返す子もいれば、ちょっとやられただけですぐに泣きだす子、大人に言いつける子など、けんかにも個性が見られ始めます。自分の気に入らないほうに事態が進んでいくと、バットなどを振り回して優位に立とうとする子もいます。

それぞれの行動には、子どもなりの理由づけがあるのでしょうが、大人のうかがい知るところではありません。子どもには子ども独自の世界があるようです。子ども同士のけんかに大人が無関心でいるのはむずかしいことですが、ほんとうは子ども同士で処理させたほうがよいのです。

小さい子に対して攻撃的な行動に出るときは、ちょっとほうっておけなくてハラハラしますが、普通は、いつまでもつづく問題行動とはなりません。

勝ち負けはどっち？
ボクが使うのー
ボクー！
グイ
ボクの!!エイッ
ポカッ
わーんタローくんがやったー!!
タローくん、またやったの?!
だめじゃない!!
ブー

part 1 心の発達

気になる2才児の行動13

うそつき

子どもが友だちに話していることを聞いていると、ほんとうでないことがかなりまじっていることがあります。ひとりっ子なのに「赤ちゃんがいる」と言ったり、だれもいないのに「きょうはおばあちゃんが来てるから、ぼくの家では遊べない」と言ったり。はたまた「飛行機に乗ったことがある」とか、持っていないおもちゃを「持っている」とか、そんな約束はしていないのに「そのおもちゃ、きょう、パパが買ってきてくれるんだ」とか。

空想的なことを次々に言う子もいます。読んでもらった絵本の話が現実の話の中にまじってしまったり、大きい子が話していた冒険

談が自分の体験になってしまったり。「ぼく、飛行機に乗ったよ」と言ったとき、「うそでしょ、飛行機に乗ったことないでしょ」と応じれば、話はそこで終わってしまいます。でも、「うわ～、いいな、ママも乗りたいな」と言うと、「ママもいっしょに乗ったよ。パパも乗って、象さんいっぱい見に行ったでしょ」と次々と子どもの話がふくらんでいきます。うそというより、会話を楽しんでいるだけというほうがピッタリきますね。

ほんとうのことを言うと親にしかられることがある、と体験的にわかっている子どもが、自己防衛でうそをつくこともあります。「そのおもちゃどうしたの?」と聞くと、ほんとうはケンちゃんから無理やりとり上げたのに、「ケンちゃんのママにもらったの」と言ったりします。こういう知恵は、あっという間に身につけるようですね。

part 1 心の発達

気になる2才児の行動14

まねっ子

2才のまねっ子さんは、鏡の前でお母さんの口紅を塗って、イヤリングをつけようとします。お父さんのくつをはいて、かばんを持って遊びに行ってしまいます。これらは、赤ちゃん時代の「まね」の延長で、のちに「ごっこ遊び」へと発展していきます。ほほえましくはあっても、さほど気になる行動ではありませんね。

でも、ときどき大人をあわてさせる「まね」も登場します。たとえば、小さい子をつかまえて「あやちゃん、ほらこぼしちゃダメよ」「あやちゃん、ほんとうにグズねえ」「あやちゃん、そんなこともできないの」など。自分がいつも言われているとおりのことを言うので、家の中でのしつけの様子がまる見えになってしまいます。

お客さんが見えたときなど、こんなやりとりをすることもあります。

お客さん「こんにちは」
子ども「こんにちは」
お客さん「おりこうね、いくつ?」
子ども「おりこうね、いくつ?」

つまり、子どもは自分に言われた言葉をおうむ返しに答えて楽しんでいるのですが、お客さんは困惑させられてしまいます。子どもにとっては、やがて興味をもつようになる

「しりとり」や「なぞなぞ」の段階のようなものなのですが。

お母さんがいつもやっている家事にも興味をもって、同じようなことをしたがります。「お茶わんを洗う」「おせんたくする」などと言い出されると家事のじゃまになりますからお母さんは困るのですが、本人にとっては遊びなのでやらせてもらっているとご機嫌です。テレビの前では、アイドルのまねをしておもちゃのマイクを手に大活躍します。大きい子がトイレに行くと、自分もまねしてトイレに行きますが、肝心のおしっこはしてくれず、お母さんはがっかりします。お兄ちゃんが転ぶといっしょに転んでみたり、大声で笑うといっしょに笑ってみたり、水を飲むと自分も要求したりと、一日じゅうまねをして過ごす時期もあります。夜寝る前には、昼間大きい子に言われたとおりの流行語や悪口言葉、はやし言葉を意味もわからず連発して、お母さんをびっくりさせたりもします。

part 1 Q&A

ちょっと心配なクセ

一人前に言葉を話し、大人と同じようなふるまいを始める2才児ですが、まだまだ発育の途中です。この時期は体や心の成長に関して個人差が大きく、大人から見ると「ずっと直らなかったらどうしよう……」と心配になるようなクセも目立ちます。そこで、お母さんたちから寄せられた心配なクセについて、三つほど紹介しましょう。

Q 左ききのようです。できれば、直したいと思うのですが。

2才ごろの子どもが、左手でスプーンを持って食事をしたり、左手でクレヨンを持ってお絵かきを始めたりしますと、たいていの親は「あら、たいへん。左ききだわ……」と思って、なんとか矯正《きょうせい》しようとかかります。私たちの社会では、右ききが多数であり、だいたいが右ききに便利なようにできていますから、大きくなってから困るようなことがあってはかわいそうと考えるからでしょう。でも、2才台では左ききであるかどうかはまだ決定的なものではなく、左右両方とも同じように使えるという子が多いようです。

左ききが決定するのは3才以降になりますが、きき手、きき足、きき目と全部が左側であれば、無理に直そうとしないほうがいいでしょう。強制的に右ばかり使わせようとすると落ち着きがなくなったり、吃音《きつおん》（どもり）が出たりすることがあります。軽い左きき児ということであれば、それとなく右も使うように誘って、両手ききにすると、いっそう好都合です。いずれにしても、左ききを強く問題視するのは、好ましいことではありません。

Q 指しゃぶりが直りません。欲求不満という説もありなるべく外遊びをさせていますが。

指しゃぶりについては、赤ちゃんのころから全くしない子、1才ごろまでに自然にしなくなる子、7～8才までやめられない子と、子どもによっていろいろです。2才ごろですと、昼間はしないのに、夜眠りにつくときに指しゃぶりをするという子が多く見られます。眠いときだけでなく、昼間もしょっちゅうしているという子の場合は、もう赤ちゃんを卒業してもいい年なのにと、親はとても気になるものですね。

でも、これはクセなのですから、大人が自分のクセを指摘されても少々のことでは直せないのと同様に、指にバンソウコウをはったりするくらいではなかなかやめさせることができないのが普通です。

外で思い切り体を動かしているときとか、何かに夢中になっているときには、指しゃぶりをしないでしょうから、親としてはそのような機会を毎日の生活の中でできるだけ多くとり入れるように心がけることがたいせつです。あとは、あまり気にすることなく、自然に指しゃぶりが消失していくのをあせらず待つしかないでしょう。

Q 言葉が達者になりましたが、ときどき、どもるクセがあって心配です。

使える言葉の数がぐっとふえ、言葉によって他人と交流することができるようになる2才過ぎから4才ごろまでは、吃音が発生しやすい時期です。

いろいろなことを話したいという気持ちが強いのに、適当な言葉が思い浮かばなくて、同じ音を繰り返したり、言葉がとぎれたり、詰まったりするのです。

そんなとき周囲の大人が心配して、言い直しをさせたり「ゆっくり言ってごらん」などと、話し方そのものに注意を向けるような扱いをしますと、話す前から不安になったり、緊張したりして、ますます悪化していきます。

子どもがどもったとしても、早くなんとかしようとあせらないこと。それよりは、日ごろ子どもに厳しくなりすぎていないかというように親のかかわり方を反省してみることが必要かもしれません。親としては、幼いときの「どもるクセ」は必ず直ると信じて、子どもからの話しかけには、ゆったりした態度で応じましょう。どんなにどもってもいっさい気にせず、終わりまで楽しく聞いてあげることがたいせつです。

生活のあらゆる場面で、本格的な
生活習慣のトレーニングが始まります。
排泄、睡眠、食事、着脱衣、手洗い、
歯みがき、お片づけ……。
でも、なかなか大人たちの
思うようにはなりません。
あせらず、ゆっくりと見守ってください。

part 2

2章
生活習慣のトレーニング

part 2

生活習慣の基本❶

おむつはずれ

そろそろトイレトレーニング開始

あせることはないと思っていても、2才の声を聞いたとたんに気になるのが、トイレトレーニングですね。遊び仲間が一人また一人とおむつにサヨナラしていくと、とり残されそうで落ち着かないものです。

でも、2才で完全に教えられるようになるケースは多くはありませんから、この時期にまだおむつをしているからといって、「奥手」というわけではありません。この時期になれば、親の言葉をよく理解し、自分の意思もかなり伝えられるようになっていますから、トレーニングを始めれば、比較的短期間でおむつをはずすことができます。

いままでにトイレトレーニングを試みて、失敗した経験をもつお母さんも多いかもしれません。失敗の原因はいくつか考えられますが、いちばん多いのは、子どもがまだおむつはずれの時期になっていなかったのに試みたためと思われます。脳が十分に排尿をコントロールできないうちに、あせってトレーニングを始めても、それほど効果は上がりません。

その時期がいつごろかというと、個人差があるものの、早くて1才半以降といわれます。

この時期になれば膀胱《ぼうこう》におしっこがたまった感じを理解できるようになり、少しの間、がまんできるようになります。膀胱の括約筋《かつやくきん》が機能するようになって、トイレに行くまでおしっこを止めておけるのです。

この時期が来たかどうかは、子どもの様子を観察しているとわかります。いままでは、膀胱におしっこがたまると無意識に出していたのが、たまった感じがわかるので、動きを止めてじっとしていたり、顔をゆがめたりします。おしっこをしたあとはモジモジしたり、前に手をやったりもします。また、膀胱の容量も大きくなって、おしっこがたまってから排泄するようになるので、おしっこの間隔は2時間くらいあくようになります。おむつをさわってみて「あれ、まだぬれてない」と思うことが何回かあれば、OKのゴーサインと見てよいでしょう。

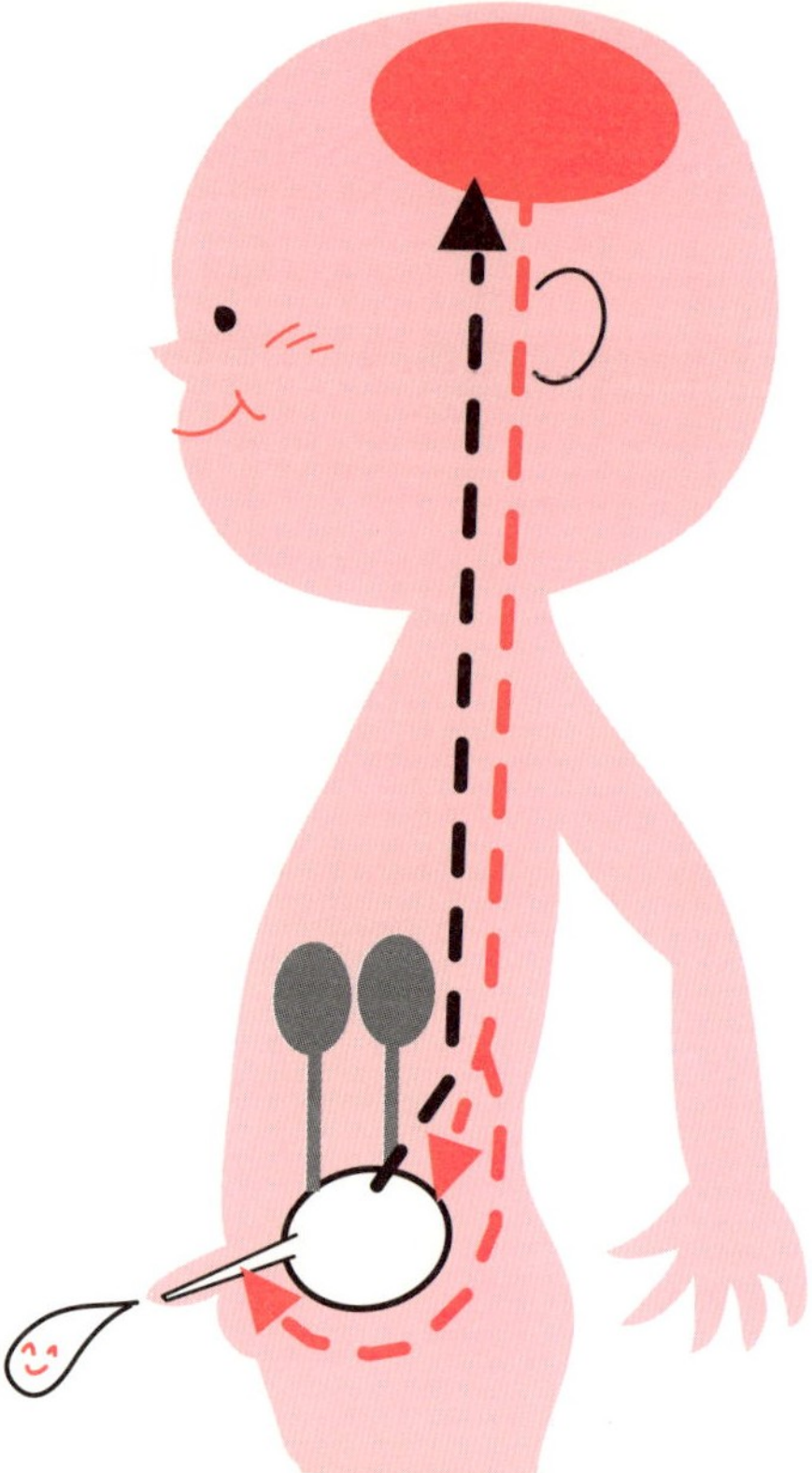

脳のコントロールタワーが働くようになると、膀胱がいっぱいになった刺激が脊髄の中にある神経系を伝わって脳に届き、尿意を感じるように。このサインは神経系を伝わって、膀胱を支配する副交感神経に「おしっこを出せ」と伝達。膀胱が収縮し、外括約筋がゆるんで排尿となります。

タイミングをつかんでじょうずに誘って

ちょうどおしっこが膀胱にたまったころにトイレに連れていけば、うまくおしっこをしてくれますが、これはたまたまタイミングがよかっただけのことです。トイレトレーニングとは、この偶然性を子どもに意識させることなのです。

そのためには、なるべくおしっこが出そうなチャンスをねらって、トイレやおまるに誘うことをつづけるのがコツ。お昼寝のあと、朝起きたときなどは絶好のチャンスです。また、前のおしっこから2時間くらい間隔があいたときに誘ってみてください。

でも、子どもがいやがったり、2～3分待っても出ないときは、無理をせずにさっさと切り上げます。その直後にジャーッとやられたりすると、思わずカッとなりますが、絶対にしからないで。子どもをトイレトレーニングアレルギーにしてしまっては、卒業の時期が遅れるばかりです。肌寒い日や水分を多くとった日は、おしっこの間隔が近くなるので、早めに誘ってみます。

「おしっこをする感覚」を覚えてくれればしめたもの

これを繰り返しているうちに、子どもはおしっこをする感覚を覚えます。膀胱にたまっているときのなんとなく圧迫された感じと、ジャーッと出たときの解放感のようなものを感覚的に身につけるわけです。また、おむつにしたときとは違って、ジャーッと出る様子を視覚的にとらえることで、おしっこというものを理解します。そういう点では、おむつをはずしていておもらしをしてしまい、水たまりができたことを知るのも、いい勉強の一つです。

また、言葉による認識もたいせつです。トイレトレーニング中は、お母さんが「シーが出たね。よかったね」「これがシーよ、この次は教えてね」と繰り返し語りかけましょう。ただし、毎回お母さんが先回りしてトイレやおまるに誘ってしまうと、膀胱がいっぱいにならないうちに排泄することになり、自立ができなくなってしまいます。誘ってみておしっこができるようになったら、子どものほうから「シーが出るよ」と言い出すのを待つようにしましょう。

もちろん、初めのころは失敗してあたりまえです。おしっこがたまった感じ、がまんできなくて出てしまう感じを自分でつかみ、そういうときは「シー」と言えばいいんだなと、子どもにわからせることがたいせつなのです。

うんちと夜のおしっこ

うんちはおしっこにくらべ回数も少ないし、一日のうちでパターンがだいたい決まっていますから、おむつをしているときから「あっ、やったな」という感じがわかっていると思います。朝食のあとなどに誘ってみると、おしっこより早く成功するのが普通です。

ただし、おしっこは教えるのにうんちは教えないという子もいます。こういう場合は、過去にしかったり、「くさい」「ばっちい」と言って恥ずかしいものと教えたことがないかどうかを思い出してみましょう。うんちがかたくてなかなか出ない場合は、食事に注意して、生活リズムをととのえる工夫が必要です。

夜のおむつがとれるのは、トイレトレーニングとは無関係です。夜はもうしばらくおむつをつづけましょう。

おまるかトイレか、どっち？

トイレトレーニングはおまる派ですか、それともトイレ派ですか？　おまるは都合のいいところにおけるので、もれそうな急を要するときにすぐすわらせることができて便利です。小さいうちは、大人のトイレのサイズには無理がありますが、おまるなら安心です。ごく早期にトイレトレーニングを始める場合や、トイレが寒かったり暗くて陰気な感じがしたりする場合は、大いに利用価値があるでしょう。

一方、おまるを使うのはごく短期間なので、なくてもしのげます。2才になっていれば体格もしっかりしてきますから、洋式トイレなら補助便座をつけたり、踏み台をおいたりなどして、最初から使ってもよいでしょう。3才近くになると大人のまねをしたがり、おまるを使うのをいやがることも多いものです。

教えられるようになったらおむつ、バイバイ！

一日のうち何回か自分でおしっこを教えられるようになったら、おむつからパンツに切りかえます。子どもにとっておむつをはずすことは、まさに大事件！　動きが楽になるので、いままでできなかったことができるようになったりする反面、急にガードがなくなって不安な面もあるようです。

事実、おむつをはずしたあと、一時的におしっこの回数がふえることが多いようです。当然、おもらしの回数も多くなり、つい子どもをしかったりしがちですが、これはだれでも通る道と割り切ってください。もし、床をよごされても気にしない、洗濯の量がふえても平気というタイプのお母さんなら、トイレトレーニングを始めると同時に、おむつをはずしてもかまいません。いつおむつからパンツに切りかえるかは、結局、お母さんの都合しだいです。

床におもらしされるのが気になるお母さんなら、市販されているトレーニングパンツを利用してみるのもよいでしょう。

成功のコツはあせらず、しからず

順調にいったなと思っても、日によっては全くタイミングがかみ合わなかったり、遊びに夢中になると教えなかったり、寒くなるとあと戻りしたり……。でも、それが普通の子どもです。特に、病気をしたり、下に弟や妹ができたりしたら、赤ちゃん返りをしておむつに逆戻りという例はよく耳にします。

だいたい、「おしっこをトイレでする」というのは大人の世界で決められたルールで、なぜそうしなくてはならないのか、この時期の子どもはわかっていません。「シーを教えると、お母さんにほめてもらえるから」「トイレですれば、しかられないから」というだけの理由なのです。

トレーニングにあせりは禁物。やさしくおおらかにつきあっていきましょう。

part 2

生活習慣の基本②

睡眠

おだやかな気持ちで眠りにつかせてあげましょう

昼間の遊びで適度に疲れて、時間がくればスヤスヤ眠るというのが、大人が描く子どもの睡眠イメージかもしれませんが、子どもにもタイプがあって、寝つくまでに時間がかかる子もいます。赤ちゃん時代はミルクを飲むとすぐ寝てくれたのに、このごろはグズグズとうるさくて、これなら赤ちゃんのときのほうが楽だったと思っているお母さんはいませんか。

お母さんがそばにいないと眠れない、タオルや人形を抱かないと眠れないなど、習慣ができてしまった子も多いでしょう。赤ちゃん時代とはくらべものにならないほど情緒が発達していますから、こういう習慣は、安心した気持ちで眠るためにぜひ必要なこと。子どもが要求したら、希望をかなえてあげてください。

添い寝は親と子のふれ合いの場です

少し前の育児書には、添い寝をすると自立心が育たないとか、依頼心の強い甘えっ子になるから、なるべくしないほうがいいなどと書かれているものもありました。しかし、その後、育児に関するさまざまな研究の結果、添い寝のすばらしさが見直されるようになりました。お父さん、お母さんのお話を聞いたり、絵本を読んでもらったり、親のあたたかいぬくもりを感じながら眠りにつくことができるのは、子どもにとって何物にもかえがたい喜びなのです。

特に、昼間、両親が働いていて子どもと別の生活をしている場合は、子どもが眠りにつくひとときを、ぜひ密度の濃いふれ合いの時間にしてほしいと思います。とはいっても、お母さんは子どもが寝てからの家事や用事が山積みしていることでしょう。添い寝をしていると、一日の疲れで親のほうがウトウトしてしまい、居心地のいい布団から再び抜け出してくるのにはかなりの決意が必要です。添い寝のよさを認めてはいても、できればひと

りで寝てほしいとひそかに願ってはいませんか。

このような場合は、いっそ、生活パターンを朝型に変えてみてはどうでしょう。夜は子どもといっしょに早寝して、朝に家事や用事をするのです。このような生活がいつまでもつづくわけでもありませんし、早寝早起きは大人にとってもヘルシーな生活です。

眠りに入るセレモニー

指やタオルをしゃぶったり、お気に入りの毛布や枕、タオルがないと眠れない子は欲求不満ですか、という質問をよく受けます。これは眠りに入るためのセレモニー（むずかしくいうと就眠儀式）なので、少しも心配することはありません。自然に必要としなくなるまで、そのまま見守っていきましょう。無理

にとり上げないでください。

ただ、哺乳びんをしゃぶらないと眠らない子の場合は、徐々にやめていく努力が必要です。牛乳やジュースは虫歯の原因にもなりますし、夜中のおしっこが多くなりますから。

夜驚症が始まる時期です

赤ちゃん時代の夜泣きがおさまって、やれやれと思っていると、このころから夜中に急に目覚めて、おびえたように泣き騒ぐ子がいます。これを医学用語で夜驚症《やきょうしょう》といい、はっきり目覚めればけろっとして泣きやんで再び眠ります。

原因は、昼間の刺激が強すぎるとそれを夢で見たり、周囲の大人が「あれもダメ、これもダメ」と禁止したり、強くしかったりしたことが心にのしかかって、睡眠中の無意識の行動になってあらわれるものと思われます。静かに眠っていたかと思うと突然はげしく泣きだしたり、何かにおびえたようにふるえたりするので、脳に何か異常があるのではないかと心配して、あわてて病院を訪れる親もいます。

夜驚がつづくようなら、昼間の生活や育児の仕方に問題がなかったかを考えてみる必要があります。昼間なるべくのびのびと遊ばせ、緊張状態を解きほぐす手助けをすることもたいせつです。夜寝る前にしかったりするのもよくありません。昼寝の時間が長すぎないか、生活全体が不規則ではないかもチェックしてみましょう。

夜驚は短い時間でおさまりますから、泣きだしたらほうっておかず、やさしく声をかけたり、抱き締めたりして寝かしつけてあげましょう。

寝ない子はだあれ？

近ごろ一般に、子どもの寝る時間がおそくなっています。ちょっと昔のタイムテーブルには、幼児の生活に6時起床、8時就寝といったことが書かれていましたが、最近の2才児は10時過ぎまで起きている子もザラですね。お父さんの帰りを待っていたり、お母さんの帰宅時間の都合で夕食の時間がおそくなっていたりなど、親の生活が夜型になっているのが最大の原因でしょう。

宵《よい》っぱりを改めたいと思う場合は、まず朝早く起きる習慣をつけることが必要です。おそくとも朝8時までには起きるようにしたいものです。つづけて11時間は眠らせたいので、逆算して9時までには寝かせる習慣をつけてください。朝はなるべくおそくまで寝ていてほしいけれど、夜も早く寝てほしいというのは、ちょっと無理な注文です。

隣の部屋でお父さんとお母さんが楽しそうにテレビを見ているのに、自分だけ暗い部屋に入れられてしまうのは、おちびさんだって納得できないかもしれません。子どもが寝つくまで、ちょっと大人も眠りのムードづくりに協力しましょう。

もちろん、睡眠時間の長さということでは個人差があります。毎日お昼寝もするし、夜12時間はたっぷり眠るという子もいる一方で、おちびさんのわりには睡眠が短くても平気という子もいます。寝起きがよくて、昼間も元気によく遊んでいるなら、その子なりに十分な睡眠がとれていると考えてよいでしょう。

早寝早起きが子どもにとって望ましいとわかっていても、家庭によってはそれを実行することがむずかしい場合があると思います。

大人の世界と子どもの世界がはっきりと区別されている欧米の家庭にくらべると、よくも悪くも親子べったりで体を寄せ合って生活している日本では、父親や母親の勤務時間の都合で、親子ともども夜ふかし型生活パターンになっている家庭もあるようです。断固として子どもは早い時間に寝かしつけるという方針を貫けるお母さんは別として、そうでないお母さんには寝る時間に幅をもたせて考えることをおすすめします。そのほうが親にとっても子どもにとっても精神衛生上よいように思えます。保育園や幼稚園に行くようになりますと、その生活パターンができて、いやでも親がそれに合わせざるをえなくなるはずですから。

お昼寝の習慣はまだつづいていますか。お昼寝は心身の疲れをとるのにたいへん効果的ですから、もうしばらくつづけるようにしたいものです。午後の早い時刻に1～1.5時間程度を目安に。お昼寝が夕方にずれこんだり、長時間眠ると、夜の寝つきが悪くなります。

part 1

生活習慣の基本③

食事

ひとりで食べられますか？

2才になると、スプーンを使って自分で食べられるようになります。3才に近づくころには、お箸も使えるようになります。でも、まだまだじょうずに食べることができません。あちこちにこぼしたり、コップをひっくり返したりして、あと片づけがたいへんですが、もうしばらくのがまんです。散らかるのがいやで、お母さんが食べさせていると、いつまでたっても上達しません。手づかみも多少は大目に見ながら、さりげなくスプーンやフォークを渡して、「こっちのほうがカッコイイ」ということを教え、ひとりで食べる練習をさせましょう。

お箸に興味をもちだしたら、先のとがっていない子ども用箸を用意して、正しい持ち方を指導してください。プラスチックより木製のほうがすべらなくて適しています。

日本人の手先の器用さは、箸の文化のおかげといわれます。三度三度の食事が、無意識のうちに才能を高めているとしたらすてきなことですよね。でも、けっして無理じいはしないこと。「食事は楽しく食べる」のが大原則ですから。

「遊び食べ」はおなかがすいていない証拠

食事の途中であちこち逃げ出してしまう「遊び食べ」や、テレビを見ながらの「だらだら食べ」も目立ってきます。イライラしたお母さんが、子どもを追いかけてスプーンを口へ突っ込むなんてことも。こんなことをしていても食べることのできる量はしれていますす。遊んでいても、だれかが食べさせてくれるとわかれば、子どもの「遊び食べ」はますますひどくなるばかりです。

ほんとうにおなかがすいていたら、途中で休んだりしないでまじめに食べるはずです。「遊び食べ」をするときは、もうおなかがいっぱいいか、初めからおなかがすいていないかですから、ころあいを見はからってさっさと片づけてしまいましょう。目安は20分くらいでしょうか。「そんなことをしてると片づけちゃうわよ」と言いながら、相変わらず子どもを追いかけて口に突っ込んでいるお母さんもいますが、「片づける」と言ったら、ほんとうに片づけましょう。そのあと「おなかがすいた」と言われても何も与えないことです。次の食事まで断固待たせます。

よく「ごはんを少ししか食べなかったから」と言って、次のおやつをいつもより多めに与えるお母さんがいますが、これも感心しません。そんなことをしていると、また次の食事が「遊び食べ」になってしまい、悪循環になるだけです。「うちの子は遊んでばかりでちっとも食べない」というお母さんの子どもを観察してみると、一日じゅう、だらだらとおやつを食べていたり、水がわりに牛乳やジュースを飲んでいたりします。

きちんとした食事は、きちんとした生活の

リズムが基礎になります。食事やおやつの時間を決めたら、それ以外のときは食べ物を与えないこと。もし、家の中にいてなかなかそうもいかないときは、次回の食事の下ごしらえをすませてから外遊びをたっぷりさせ、空腹になって帰宅、すぐに食事というパターンを習慣づけると、うまくいくことが多いようです。

もちろん食事のときのテレビはないに越したことはありません。家族の協力も必要なので話し合ってみましょう。

「ちっとも食べない」というお母さんの声が多いのですが……

「うちの子は食べない」というお母さんの訴えは非常に多いのですが、よく調べてみるとお母さんが心配するほど小食というわけではなく、けっこう食べているということもあります。多くの場合、「お母さんが期待するほどは食べていない」と言いかえたほうがよいでしょう。お母さんとしては、せっかく自分が工夫して用意した食事を、なるべくいっぱい食べてほしいと思いがちです。でも、お母さんが自分のペースや願いを優先させる育児姿勢をとりつづけると、次々と食のトラブルが重なっていきます。大事に至らないうちに、ちょっと自分の育児姿勢をふり返ってみることも必要ですね。

食欲というのは、脳の中枢《ちゅうすう》神経がコントロールするものですが、食事のときの雰囲気が暗く、情緒を不安定にさせると、食欲中枢が抑制されて食欲不振になることがわかっています。食事タイムは緊張の時間ではなく、楽しい笑いのあるものになるよう家族が心がけることがたいせつですね。また、「これだけは食べさせなくては」といった考え方もやめたいものです。

「このごろなんだかやせてきたような気がする」と心配するお母さんもいますが、このころになると、運動量も多くなり、体型も赤ちゃん時代のずんぐり体型から、スマート体型に変身しますから、ほっそりしてやせたように思えるのでしょう。もちろん、体重の増加率も赤ちゃん時代のように大きくはありません。多少やせていたり、小さかったりしても、元気がよくて発育もまあまあでしたら、栄養は足りていると考えて、あまり気にしないことです。

偏食が気になりますか？

小食と並んで、お母さんが心配するのが偏食です。もちろん、何でも好き嫌いなくよく食べるのが健康のためには理想的ですが、そんな人は大人でもまれですね。すべてのタンパク質が嫌いとか、野菜はどれもこれも、煮ても焼いても生でも食べられないというのであれば問題ですが、たいてい生野菜はダメとか、にんじん、ピーマン、玉ねぎがダメとか、肉はいいけど魚はイヤといった程度の偏食ではないかと思います。この程度なら、栄養の面ではほとんど心配することはありません。

お母さんが心配するのはむしろ、幼稚園、小学校などで給食が始まったとき困るのではとか、家じゅうが同じ献立にならなくて不便といった、生活上の問題ではないかと思います。確かに、食べられないものがたくさんあるのは不便なことです。調理に工夫を施したり、おいしく食べられるよう暗示をかけたりして、楽しく食べる努力はつづけてほしいと思います。

まだ食べられないものがあっても当然

子どもの好き嫌いをなくす努力をする際に、知っておいてほしいことがあります。それは、この時期にはまだ食べられないものがあって当然だということです。大別すると、次の三つです。

①においの強いもの――ピーマン、きのこ、玉ねぎ、にんじん、レバーなど

②香辛料を使ったもの、酢の物全般、菜の花やふきなど苦みのあるもの

③かたいもの――生野菜、肉類など

②については、大人になるといずれ食べられるようになりますし、この時期はむしろ、刺激の強い食べ物は控えたほうがいいくらいです。③はやわらかく煮込むなど、調理法を変えれば食べるようになります。かたいものは3才ごろまでは無理に食べさせなくてもよいでしょう。野菜なども生で食べるより、加熱したほうが量もたくさん食べられますし、消化吸収もよくなります。①も成長するにつれ食べられるようになりますから、いやがるのに食べさせる必要はありません。同じような成分が含まれるほかの食品で充当すれば十分です。ピーマンがダメでも、ブロッコリーやほうれんそうがOKなら、何も問題はありません。歯ごたえのある食品については、「かめない子どもがふえている」とマスコミがとり上げるため、お母さんが少し気にしすぎている面もあるようですが、あせりは禁物。少しずつ慣らしていけばいいのです。

なお、どうせ食べないからといって、日常食べる食品の数が減ってしまわないように注意してください。この時期の子どもは、きのうは「嫌い」だったのに、きょうは「好き」

になったり、その反対もあって、まだほんとうの偏食とは言えない状態です。

食べなれないものに対しては、どうしても憶病になってしまいますから、なるべくいろいろな食品を体験させることがたいせつです。偏食を気にするより、「まだ食べさせたことのないものはどれかな?」といったふうに視点を変えてみると、育児がもっと楽しくなります。

心に不満があると肥満っ子になることも

体質的に太りやすい子がいますから、注意信号の肥満かどうかはお医者さまにチェックしてもらいましょう。中にはよく食べるのに太らない子もいます。

なんとなく食べすぎてしまう、ことにおやつをよく食べるという場合は、生活リズムを見直すことが必要です。毎日がつまらない、遊びに夢中になれないという不満がつい過食になり、すると胃袋も大きくなって、ますます過食を重ねるという悪循環を招きます。これを断ち切るには、食べること以外の楽しさを十分に味わわせてあげることです。日中は、親もいっしょになるべく戸外で体を動かして遊びましょう。十分遊んだら、おなかもすきますね。食事の時間は規則正しく、ゆったりしたムードで食卓を囲み、適当な量で満足できるような楽しい雰囲気づくりを心がけることがたいせつです。

part 2

生活習慣の基本④
衣服の脱ぎ着

「自分でやる」は自立の第一歩

2才を過ぎると、衣服を自分で脱いだり着たりしたがるようになります。もっとも、まだ着るほうはお母さんの助けがいりますが、脱ぐほうはだいぶじょうずになってきます。朝の着がえのとき、おふろに入るとき、夜パジャマに着がえをするときなど、脱ぐことを得意げにやるはずですから、多少時間がかかっても自分でやらせてみましょう。

また、脱いだものを洗濯かごに持っていったり、たたんだりなどといったこともできるようになってきますから、片づけも無理のない範囲で教えていきます。

お母さんをイライラさせるのは「自分でやる」と主張して、ダラダラと時間ばかりかかるケースです。特に朝、保育園に行く前やおふろ上がりなど、つい大人が手を出したくなりますね。でも、自分でやりたがるのは、これから次々に芽生える自立への意欲の第一歩、この芽をじょうずに伸ばすことができるか、不用意につみとってしまうかで、子どもの個性は大いに違ってきます。

「自分で」と言ったら、原則的に同意して、子どもの意思を尊重しましょう。

気分しだいで自分でやったり、甘えたり

きのうは「ひとりで着る」と言い張ったくせに、きょうになったら「お母さん着せて」と甘えてくる。そうかと思うと着せている途中で逃げ出してみたり、一度通したそでをまた脱いでしまったり、まるで大人をからかったような行動をとるのも2才児の特徴です。お母さんがむきになるとよけい相手を元気づけるだけですから、そういうときは「着たくなったら教えてね」と言って、子どもから離れて別のことを始めてしまいましょう。すると、子どもは「着せてもらえなくなったらたいへんだ！」と思い、あわてて飛んできます。

また、「着せて」と言った日は「ひとりで着られるでしょ」と突っぱねないで、何か甘えたい原因があるのだなと察して手助けしてあげましょう。

衣服の脱ぎ着に限らず、子どもは親に相手をしてもらいたい、遊んでもらいたいという願望が強いので、わざと親を困らせるような行動をとることがあります。でも、残念ながら親には親世界のルールがあって、いつも子どもの願いをかなえてやれるとは限りません。もし時間に余裕があれば、子どもの自主性を尊重し、どうしても急がなくてはならないときは、子どもにわけを話して協力してもらうようにします。やさしい言葉できちんと話せば、親の事情も少しずつわかってくるのが2才児です。

ただし、いつも親の都合を優先させるのは、けっして子どもの成長のためになりません。そんなことがつづくようなら、親子の生活リズムにどこか無理がないかどうか、見直す必要があります。

ひとりでできたときはほめてあげることを忘れずに

たとえくつを左右まちがってはいても、パンツが前後逆でも、ボタンが一つずつかけ違っていても、ソックスのかかとが甲のほうに来ていても、とにかく着終えたら、ほめてあげるのがたいせつなことです。もし直すところがあればそのあとでやさしく、「おくつは、こういうふうにふくらんでいるから、反対にしたほうが歩くとき、おくつさん同士がけんかしなくていいね」といったアドバイスを。

この時期になったら、ひとりで着られる衣服を選ぶこともポイントです。パンツ類には前ウエストの位置に、前後がわかるような目印をつけておきます。ボタンやリボンをつけたり、時間がなければ油性ペンで丸や動物の顔をかくだけでもよいのです。シャツは簡単なかぶり型にする、ボタンはなるべく大ぶりのものをなど、子どもがひとりでしたがる意欲を育てるように側面からも応援しましょう。

もし、自分ひとりでやりたいと言い出した時期に、いつもお母さんが手伝って着せていると、自立はずっと遅れてしまいます。これは服を着ることに限らず、子どもが意欲をもってとり組んだときは、結果はどうであれ、その意欲を評価してあげましょう。さらにそのとり組みが成功した場合には、子どもは非常に満足し、もっと高度なステップへと意欲をもつようになります。

子どもがもうちょっと大きくなると「やる気を育てる」ことが教育の大きなテーマになってきますが、やる気というのは幼稚園や学校で教えてもらって身につけることではなく、家庭でのささいなことの積み重ねなのです。「やりたい」と言ったときは、またとないチャンスです。「やりたい↓やってみる↓やれるね↓やれた！」という努力と快感のプロセスを体験させることは、中途半端な才能教育などよりずっとずっと感動的ですばらしい教育だと思います。

でも、無理じいは禁物。子どもにやる気がないのにやらせてみても、なんのプラスにもなりません。また、途中で助けを求められたら快く手伝いましょう。「ほら、ごらん。どうせ着られないんだから、最初からお母さんに着せてもらえばよかったのよ」などとは絶対に言わないでくださいね。

服選びもまかせてみましょう

朝起きたときの服選びはどうしていますか。いままでは全部お母さんが選んだものを着せていたはずですね。でも、3才近くなって着るのがじょうずになり、ほとんどお母さんが手を貸さなくてもよくなったら、何を着るかも子どもの意思にまかせるようにしましょう。当初は組み合わせを考える力はありませんから、たとえば下着の上に、シャツ＋パンツ＋ソックスというシステムをつくり上げて、どのシャツにどのパンツでもかまわないようなコーディネートにしておきます。

赤ちゃんのころから、子どもは引き出しをあけて物を引っぱり出すのが大好きですから、自分で選んで好きなものが着られるとなれば、着がえの時間を心待ちにするはずです。この時期は、親のセンスばかり押しつけないで、大好きなキャラクターがプリントされたシャツやパンツも認めてあげてもいいのではないでしょうか。色の組み合わせや、季節の違い、着ていく場所の違いなどは、少しずつ教えていけばいいのです。

生活習慣の基本 5

清潔 手洗いと洗顔

手洗いはお母さんといっしょに

外出から帰ってきたとき、トイレのあと、食事の前後に手を洗う習慣をつけるのもこの時期からスタートするとよいでしょう。たぶん、水遊びのようなつもりで喜んで洗うと思います。

洗面台の前に、専用のしっかりした踏み台をおき、それにのって洗いますが、まだきちんと洗うことはできませんから、お母さんが手を添えて助けてあげます。このとき「バイキンさん、バイバイね」「おてて、いい気持ちね」といった話しかけをすることがたいせつです。どうして手を洗うのか、手を洗うのは単なる遊びではないことを少しずつわからせます。

手洗いのトレーニングは、お母さんのパーソナリティーが大きくかかわってきます。お母さんが清潔好きできっちりした人だと、子どももその傾向が強くなりますが、お母さんがどちらかというとルーズだと、きたない手でも平気になるケースが多いようです。

　最近は、手がよごれるのがイヤで、砂遊びやどろんこ遊びのできない子がふえて問題にもなっています。遊びに影響するほど、お母さんの個性が強くても困りますが、よごれた手が感染源になる病気も多いので、あまりルーズになるのも危険です。

朝起きたら洗顔でさっぱり！

　朝はさっぱりした気持ちで一日を始めたいですね。子どもだって同じです。忙しい時間ですが「おはよう」のあいさつのあとは、しぼったタオルで顔をふく習慣を。もちろんまだ自分でタオルをしぼることはできませんから、親がしぼったタオルを子どもに渡して、ひとりでふかせます。もし、踏み台にのって自分でジャブジャブと顔が洗えればもっと上等。3才近くなるとできる子もいます。そのときパジャマのそで口を水でぬらしたり、洗面所の床に水を飛び散らせたりと、困ったことになるかもしれませんが、これも自主性の芽が育ってきた証拠。だんだんじょうずになるのをそっと見守ってください。そでをまくってあげて「こうやるとパジャマがぬれないよ」などといったアドバイスはもちろん必要です。

　ひとりで顔が洗えたり、タオルでふけたりしたら、「わ〜、キレイになったね。朝の顔だね」といっしょに喜びます。いやがるときは、ぬいぐるみやお気に入りの人形を使って「ほら、お顔を洗ってあげよう。おめめの周りが気持ち悪いんだって」などと、遊び感覚で誘ってみるのも効果的です。

part 2 清潔

生活習慣の基本 5
おふろ

親子で楽しい時間を共有できる絶好の機会です

お父さんが張り切る育児のナンバーワンは入浴です。お父さんの帰りを待って、いっしょにおふろに入るという家庭もあるかもしれませんね。子どもは普通「おふろ好き」ですが、遊びに夢中のとき、疲れすぎて眠いときなど「おふろに入りなさい」と言われていやがることもあります。

おふろは、本来は体を清潔にする場所なのですが、大人にとってリラックスの場でもあるように、子どもにとっては絶好の水遊びのチャンスですから、なんといっても楽しくなくちゃ。親子で対話する時間が十分にとれない仕事をもつお父さん、お母さんも、この時間を100％有効に使ってほしいと思います。2才を過ぎると、昼間あったことを断片的に話せるようになっているので、ちょっとした会話もできるようになり、おふろの時間はより楽しくなるはずです。

ただし、子どもがいやがることを根掘り葉掘り聞き出したり、昼間の行動をしかったり、体をあたためるのに「いち、に、さん……」を強制的に言わせてみたりは絶対しないように。おふろの楽しいイメージをそこなわないようにご用心。

おふろのおもちゃもいろいろ市販されていますが、シャンプーや洗剤のあき容器をじょうろや噴水にしたり、かまぼこ板を船にしたりなど工夫を施せば、あり合わせのもので十分に楽しめます。

洗髪はだれでも嫌いです

まだまだ洗髪はいやがるのが普通です。お母さんが子どもをひざにのせて、あおむけに抱きかかえ、顔を上にして、シャンプーやお湯が顔にかからないようにして洗髪する「赤ちゃん洗い」をつづけている家庭が多いと思いますが、子どもの体格が大きくなっているので、そろそろこのスタイルでは親子とも疲れます。

顔を下向きにして、頭の上からお湯を流す「お兄ちゃん（お姉ちゃん）洗い」に変えてみましょう。顔にお湯やシャンプーがかかるのをいやがる子は、シャンプーハットを使ってみるのも有効です。シャンプーが目や鼻や耳に入ると、しばらく〝洗髪拒否〟になるかもしれません。

子どもは目をつぶっているので、いま何をされているかわからない不安感も洗髪嫌いの原因の一つです。そういう場合は、洗いながら「ほら、いま、シャンプーつけたよ。おもしろい、泡だらけだね」「さ～て、お湯をかけておしまいね」などと話しかけるのも一つの方法です。

うまく体を洗えなくてもやる気をほめてあげましょう

体を洗うことも、そろそろ自分でやってみたくなる時期です。うまくすると親の背中も洗ってくれますが、もちろんあまり役には立ちません。でも、やる気を買って大いに励まし、ほめてあげましょう。最後に親が仕上げをすればいいのですから。

体も髪も洗うのをいやがる日もありますが、そんなときは無理じいはしないように。一回くらい抜いてもどうということはないというくらいの、おおらかな気分で接したいものです。

冬の寒い日など、かぜをひかせては困ると配慮するあまり、体をあたためさせるのに必死のお母さんがいます。でも、子どもは大人にくらべると、体のしんまであたたまる時間が短くてすむので、あまり長時間湯ぶねにひたっている必要はありません。体があたたかくて、子どもの顔色も赤みを帯び、「もう出たいよ」と言ったら、そろそろ潮どきと思ってよいのです。

生活習慣の基本⑤ 歯みがき

にかく「じょうずにみがけたね」とほめてあげましょう。歯みがき剤をつける必要はありませんが、つけるならちょっとだけに。使った歯ブラシの衛生にも気をつけてくださいね。

虫歯予防には、食習慣や食生活も大いに関係してきます。いちばんの敵は甘いもののダラダラ食べ。スナック菓子もデンプンが歯に粘りつきますので、砂糖の入った甘いお菓子や甘いジュースと同じように虫歯になりやすい食品です。

おやつに甘いものをとりすぎないように注意すると同時に、おやつの時間を決めることもたいせつです。ダラダラと間食をしている

歯みがきだって自分でやりたい！

1才ごろからお母さんのひざの上で歯をみがいてもらっていた子どもは、そろそろ自分でやりたくなります。もちろん歯みがきのまね事みたいなもので、実際はほとんどがみがけていないのですが、やりたがったらチャンスをのがさずに、自分でやらせてみましょう。テレビの幼児番組で、子どもの歯みがきシーンを放映していたら、テレビを見ながらやりたがる子もいるかもしれませんね。

自分でできたら、どんなに不十分でも、と

と、歯にいつも食べかすがついた状態となり、虫歯の原因になる虫歯菌を喜ばせる結果となります。もちろん、こういう食生活は偏食、小食の原因にもなるということは、この章の「食事」のところでもとり上げたとおりです。

夜の一回はお母さんが仕上げみがきを

習慣づけがうまくいって、おちびさんが自分でゴシゴシ歯みがきをするようになっても、それだけで虫歯を防ぐことは不可能です。虫歯の始まりは、プラーク（歯垢《しこう》）が歯の表面につくことです。そこが虫歯菌の絶好のすみかとなり、酸がつくられ、その酸がかたい歯の表面をとかして、穴をあけるのです。つまり、虫歯予防にはプラークを歯につけないようにすればよいのです。

でも、食事やおやつのたびに歯をみがかせるというのはちょっとたいへんですね。ときどき神経質になりすぎて、歯ブラシを持って子どもを追いかけ回しているお母さんがいますが、子どもは抵抗して逃げ回り、お母さんにつかまっても頑《がん》として口を開きません。これでは、わざわざ歯みがき嫌いをつくっているようなもの。

歯みがきは朝と夕食後の2回とし、このうち朝は気ぜわしいので子どもにまかせてしまいます。そのかわり、夜の落ち着いた時間にお母さんがゆっくりと仕上げみがきをするとよいでしょう。お母さんが仕上げをするときは、ひざの上で「寝かせみがき」をして、食べかすをキレイにとってあげましょう。重点的にみがくのは、上あごの前歯と奥歯です。歯と歯の間はフロッシングといって糸でみがいてあげると、よりプラークがとれて、虫歯予防に効果があります。

part 2

生活習慣の基本 6

片づけ

何のために片づけるかがまだ理解できません

2才児はいろいろなことが少しはでき始める時期です。食べることも、排泄も、衣服の脱ぎ着も、清潔にするトレーニングも……、まだ一人前ではないけれど、かなりじょうずにやってのけます。だから、遊んだあとの片づけも自分でやって当然だと、お母さんは考えますね。もちろん、片づけるということは、生活のルールではかなり重要なことで、物をたいせつにする心を育て、自分のしたことに責任をもつことを教えるための行動です。しかも一般には、小さいときから少しずつ身につけさせたほうが、本人のためになると思われています。

ところで、片づけるというのは、だれにとってもあまり楽しい作業ではありません。楽しくない作業をするには、目的が必要です。そこでお母さんが「ちゃんと片づけないと、あした遊べなくなるわよ」「なくなっちゃうわよ」などと子どもに言い聞かせます。しかし、2才児の所有の概念はまだ「ここ」や「いま」の段階で、現在遊んでいるときはそのおもちゃは自分の大事なものに違いありませんが、遊びをやめたとたんに、おもちゃから気持ちが離れてしまい、しまっておかないとあした遊べないなどとは考えないのです。

お母さんといっしょに遊び感覚で

このような2才児に片づけを教えようと思ったら、遊びのつづきとして考えるべきでしょう。「○○ちゃんは運転手さんね。積み木をここまで運んできてね」などと言って運び役を子どもにさせ、あとはお母さんが手伝うとか、大きな袋を二つ用意して「どっちがいっぱい入るか競争しよう」と言って、どんどんおもちゃを入れていくとか、「お人形さんもねんねだから、おうちに帰らせてあげようね」などと声をかけて、専用のケースにおさめるといったやり方が適切でしょう。「あしたも使うから片づけようね」とか「もうごはんだから、きれいに片づけて」では、子どもの意欲はわいてきません。

それでも、実際はほとんどをお母さんが片づけることになるかもしれません。でも、お母さんの片づけている姿を見て、子どもはその方法を学んでいきます。一つでも二つでも自分で片づけられたら、ほめてあげましょう。この時期のしつけのコツは、しかるよりもほめることです。ほめられると自分に自信がつきますし、また子どもはお母さんのうれしそうな顔を見るのが大好きですから、ほめられれば、また同じことをやろうと思います。

いまの遊びの次に新しい遊びを始めるとき、「前のおもちゃを片づけてからにしなさい」と言うお母さんがいますが、これもこの年齢では無理な注文です。このころは興味の対象が次々と移るのが普通です。そのたびに片づけていたのでは、ふくらんだ風船が急にしぼむように興味が中断してしまいます。子どもの遊びたい気持ちを尊重しながら、少しずつ片づけの習慣も身につけさせましょう。

おもちゃを捨てるふりは逆効果です

きのうできたからといって、きょうもできるとは限りません。日によってむらがあるでしょうが、それは大目に見ましょう。あまり片づけのことをうるさく言うと、おもちゃを出さなくなってしまいます。必要以上にワーッと散らかすのも考えものですが、片づけが子どもの心に重荷になっては逆効果です。

「お片づけしなさい！」という声が出るのは、夕方とかお使いに行く前とか、親が気ぜわしいときが多いものです。子どもがイキイキと遊んでいるとき、特に友だちが来て楽しそうにいっしょに遊んでいるときは、親も片づけのことなど考えず、元気に積極的に遊んでほ

しいと願っているはず。よく「そんなに片づけないなら、おもちゃを捨てちゃうわよ」と言っておもちゃを隠したり、捨てるふりをするお母さんがいますが、これも百害あって一利なし。「そうか、めんどうなら捨てちゃえばいいのか」とか、翌日また同じおもちゃが出てきたりしたら「なんだ、お母さんの言うことってホントじゃないや」と子どもに思わせるだけです。

片づけに限りませんが、この年齢の子どもに「……しないなら、……してしまうよ」という形でしつけをしても、あまりいい効果は得られません。

きちんと片づけることはまだ無理と割り切って

いまは毎日「片づけて」と言っているお母さん、あなただって母親あるいは主婦になる前は、そんなに片づけることにエネルギーをさいていなかったはずです。家の中の管理責任者という立場になったとたん、片づけることにウエートをおくようになったのではありませんか。

片づけのしつけは、母親の個性がかなり影響していて、部屋のまん中にかろうじてすわる広さがあれば片づいていると思うお母さんもいれば、おもちゃの棚にいつも一定の順序でおもちゃが並んでいないと落ち着かないお母さんもいます。一日じゅう、声をからして「お片づけ」を叫んでいる人もいれば、そうでない人も。自分がどの程度の片づけ好きなのか、ちょっとよその家庭と比較してみるのもいいですね。何事にも両極端は好ましくありません。

子どもは大好きなお母さんの希望とあれば、できる範囲でがんばって、片づけようとするかもしれません。でも2才や3才では、まだ分類して片づけるという考えは育っていませんから、積み木はこの箱に並べて入れる、絵本は棚に立てかける、砂がついたものは洗面所などと、きちんとすることは不可能です。それができるようになるのは、早くても4才過ぎ、普通は5才ごろです。

もし、それより早い時期に、片づけることにばかり気をとられてしまうと、1時間かかって積み木をきちんと並べることが遊びのような子どもさえ出てきます。これでは、片づけそのものだけが遊びで、思う存分散らかして、イキイキとダイナミックな遊びを楽しめない子になってしまいます。事実、幼稚園のころになると、そういう傾向の子もぽつぽつ目立ち始めます。

おもちゃの数は適当ですか？

ぬいぐるみ、お人形、電車、バス、ミニカー、おままごとセット、パズルにブロック、お砂場セット、積み木、怪獣、ピアノのおもちゃ……。いっぱい、いっぱい、おもちゃを持っていますね。

おじいちゃん、おばあちゃんからのプレゼント、外出の際に買い与えたもの、お父さんのお土産、何かの景品、お母さんの手作りのものなど。多い子なら、100や200のおもちゃがあるかもしれません。中には、ほしいほしいとせがんで買ってもらったものの、その後はほとんど遊ばない、というようなものもあるでしょう。

お母さんにとっても片づけが負担になるようでしたら、定期的におもちゃの入れかえをしてみるのも一つの方法かもしれません。積み木やブロックのような基本的なものは常に出しておき、遊び方が限られるようなおもちゃは、週ごとや月ごとに出すものをかえるなど、交代制にしてはどうでしょう。

おもちゃの数は少なめのほうが、子どもの遊びに工夫が生まれます。何もかもそろっているより、足りないものを何かで代用したり、何かに見立てて遊ぶほうが創造力も育ちます。年に何度かおもちゃを見直すチャンスをつくることで、子どもも新しい遊び方が発見できるかもしれません。

2才児にとっては、見るもの聞くもの
何もかもが魅力的に映ります。
あらゆることに興味をもち、あらゆる場面で
自分の力を試し、それによって新しい力を
身につけていきます。
遊びの中で、できるだけいろいろなことを
経験させてあげましょう。

part 3

3章
体と心を鍛えよう

part 3

体を鍛える

外遊びをたっぷりと

体を鍛えるといっても、特別なことをする必要はありません。思いっ切り遊べばよいのです。遊び、ことにお日さまの下で外気をいっぱい吸っての外遊びは、強い子、丈夫な子を育てます。

運動能力が発達し、いろいろなことができるようになるので、どの子も外遊びが大好きです。一方、お母さんは、1才過ぎのヨチヨチ歩きのころにくらべると、ついついめんどうになって「夕方のお買い物のついでにちょっと公園に寄ればいいわ」などと、一日じゅう、家に閉じ込めておくことになりがちです。子どもは、まだひとりで外遊びに行くことはできませんから、ぜひ積極的に連れ出すようにしましょう。

2才児なら、天候のいい日は午前中2時間、午後も2時間くらいなら外遊びは平気です。真夏は日ざしの強い日中は避け、できたら朝のうちか夕方に外遊びすることにしましょう。日中は庭先やベランダにビニールプールを出して水遊びもいいですね。冬も日中に日がさすような天候なら、気温が低くても外遊びは可能です。

体を動かす遊びで丈夫な体をつくりましょう

まだこの時期は友だち遊びがうまくないので、公園に連れていってもひとりで砂遊びや泥遊びをしたり、すべり台、ぶらんこ、鉄棒などの遊具を使って遊んだりします。子どもにも好みがあるようで、いつも砂場で黙々とおだんごを作っている子もいれば、平行棒やジャングルジムのような活発な遊びを好む子もいます。

いつも同じ遊びばかりするようなら、しばらく様子を見てから「あんなのもやってみる?」と誘ってみてもよいでしょう。でも、けっして強制はしないように。ことに、「えっちゃんはできるのに、あなたはダメね」といった言葉は厳禁です。せっかくの「やる気」を大人のたったひと言でつぶしてしまうこともあるのですから。

子どもが見ている前で、お父さんやお母さんが楽しそうにやってみせるのはたいへん効果的です。お母さんが活動的だと、子どももも体を動かすのがとても好きだという例はよく耳にしますね。

ほうっておいても子どもは自分の発達に合った遊びをさがし出しますが、ときどきは大人がリードするのもよいでしょう。簡単なかくれんぼ、影踏み、鬼ごっこ、かけっこ、ひもを使って電車ごっこ、飛行機とばし、ボール転がしなどをとても喜びます。リードしてくれる年長の子や大人がいれば、「かごめかごめ」「花いちもんめ」といった伝承遊びにも大いに興味を示します。

気をつけなければいけないのは、思いがけない事故。このころの子どもは何でも自分でやろうという意欲が強いので、危険防止、事故防止については、保護をする大人が十分に留意しなければいけません。

楽しい雰囲気をつくればたくさん歩きます

そろそろベビーカーは卒業しましたか。最近は自動車や自転車に乗せて移動するケースが多く、大人同様、子どもも歩く機会が減っているようです。「足は第二の心臓」といわれるくらいで、歩くことは健康な体づくりに欠かせません。多少は時間がかかっても、買い物や公園の往復など、なるべく歩かせるようにしましょう。

また、その機会を利用して、安全教育を徹底することも必要です。しっかりと大人の手を握って、車道側は大人、その内側に子どもという習慣を身につけさせ、急な飛び出しがどんなに危険かを繰り返し話します。まだ理解はできなくても、繰り返すことが重要です。

外出中、お母さんが友人に出会ってついうっかり立ち話、その周辺を子どもがウロウロという光景をよく見かけますが、非常に危険です。事故は複数の大人が見ているときにもよ

く起こります。

子どもはただ歩くだけではつまらないので、だっことかおうちへ帰ろうとか、だだをこねます。歩きながらお話をしたり、歌を歌ったりして楽しい雰囲気をつくり、向こうの角に犬を見に行こうとか、踏み切りまで行って電車を見ようなどというように、手近な目的をはっきりさせて、がんばらせるとうまくいきます。

お天気のいい日はおやつやお弁当を持って、ちょっと遠出のお散歩もいいですね。

子どもは薄着が好きです

赤ちゃん時代は薄着育児でがんばっていたのに、途中でかぜをひいたりして、最近はむとんちゃくになっていませんか。いつも飛び跳ねている子どもは、大人より一枚少なくてだいじょうぶ。背中に手を入れてみて汗ばんでいるようなら、一枚脱がせましょう。

冬でもTシャツ一枚で元気な子をときどき見かけますが、それほどでなくてもこの時期の子どもは本来薄着が好きです。遊びながら、いつの間にかくつ下や衣類を脱いでしまうことがよくあります。そういうときは、そのままほうっておいていいでしょう。

薄着になると皮膚の温度が外の温度に影響されやすいので、子どもはその温度に適応できるような力をしだいに身につけていきます。ひいては、皮膚ばかりでなく内臓器官も丈夫にすることができます。もし子どもがいやがらなければ、おふろ上がりに水をかける、朝夕の着がえの際に乾布摩擦をする、お母さんの手のひらで子どもの皮膚をキュッ、キュッとこするというのも効果的です。どれも遊び感覚でつづけるとよいでしょう。

part 3

外遊びで自然と親しもう

情操を豊かに

情操教育 1

どの子も外遊びが好きですが、自然界にあるものに注意を払い、それを積極的に楽しんだり学んだりする心を育てるには、大人からのちょっとした働きかけが必要です。

たとえば、お母さんが四季の移ろいを感じたら、それをやさしい言葉にして子どもに伝えます。「きれいな花が咲いているね」「あっ、ちょうちょうさんがひらひら飛んでいるわ」「ほら、ありさんがごはんを運んでる」「雲がやぎさんみたいね」といったように。

また、生活する中でやさしい気持ちを育てることも可能です。たとえば、種をまいて草花を育てたり、花をつんでお父さんへのお土産にしたり、池のお魚さんのためにお昼のパンを少し残しておいたり、というようなことに誘いかけてみるのもよいでしょう。

このようなことをふだんからなにげなくしていると、そのうちに自分から「はとさんに、お菓子を分けてあげようか」「早く芽が出るように、お水をあげましょうね」などと、とてもかわいい言葉が飛び出してくるようになります。

危険のない場所では素足にさせて、水たまり、泥んこ、でこぼこの砂利道、土などの感触を楽しませてあげましょう。もちろん、いやがったら無理じいせずに次の機会に。自然と親しみ、観察し、それに感動することが豊かな情操をはぐくむ基礎となります。

part 3

情操教育 2

室内でも心を育てる遊び方を

外遊びも室内遊びも、遊びは運動能力を高めると同時に、情操を豊かにするのにも大いに役立ちます。2才児の特徴を十分に生かせる遊びをいろいろ工夫するとよいでしょう。

手先が器用になるので、さまざまなことにチャレンジしたがります。他人に迷惑がかかったり、危険なことでない限り、なるべく体験させたいものです。次にあげるものは、室内遊びの代表的なものなので、ぜひいっしょに遊んでみてください。

ごっこ遊び

大人や周囲にいる人たちにとても興味を示し、盛んにまねをします。好奇心も旺盛なので「ごっこ遊び」が大好きです。子ども同士ではまだじょうずに遊べなくても、ひとりで、あるいは大人と「ままごと遊び」「運転手さんごっこ」「人形遊び」などを楽しみます。

この年代のごっこ遊びは、おままごとのコップでジュースを飲むふりをしたり、円いお盆を回してバスの運転手さんのつもりになったり、ブロックをケーキにみたてたりする遊びが中心です。

やがて、4才を過ぎると本格的な「ごっこ遊び」を友だちと楽しむようになりますが、この時期の「ふり、つもり、みたて」の遊びを十分に経験することが、幼児期に活発に遊ぶための基礎となります。

積み木遊び

これまでも好きな遊びの一つでしたが、広い面を使って2〜3個重ねる段階から狭い面を使うことや、細長い積み木、小さな積み木を使って家や門なども作れるようになります。積み木で作ったガソリンスタンドや高速道路の「みたて遊び」も好きです。「はい、四角い積み木」「てっぺんは三角ね」「赤いのをとって」といった話しかけで、色や形にも興味をもたせましょう。

ブロック遊び

大きなものが適します。お母さんがつなぐのを見て、子どももまねをします。まだほと

んどうまくつなげないときには、お母さんが手伝ってください。できたものに「でんしゃ」「おうち」など、名前をつけるとよいでしょう。お母さんが作ったものと合体させると、とても喜びます。

粘土遊び

子どもは大好きです。わざわざ買わなくても小麦粉で作ったもので十分。やわらかだし、万一口に入れても危険がないので安心です。

家庭で簡単に作るには、ホットケーキを作るときと同じようなやり方で、ボールに小麦粉を入れ、水とまぜ合わせます。少しベタベタしますが、その感触がまたおもしろく感じられるかもしれません。特別なものを作るのでなくても、さわったりこねたりしているだけでも遊びになります。もちろん、市販の小麦粉粘土を利用してもよいでしょう。

切り紙遊び

先が丸くて、指を入れるところのスペースが十分にある、幼児用のはさみを持たせてみましょう。大きくなった気分で非常に喜ぶはずです。紙を自由に切って、想像力を働かせる楽しさを満喫させましょう。イメージがどんどんふくらみますよ。

伝承遊び

昔、おばあちゃんに教えてもらったわらべ歌を思い出して、指遊びや手遊びをやってみましょう。子どもはそうやって遊んでもらうのが大好きです。雨の日のお楽しみ、と決めておくのもいいですね。

part 3

情操教育③

絵本を大いに活用しましょう

早い子はおすわりのころから絵本に親しんでいると思いますが、2才になってもほとんど絵本の読み聞かせを体験していない子もいます。絵本体験の程度は非常に個人差があるので、2才児にはこれくらいと決めてかからず、その子が興味を示すものから始めるのがよいでしょう。

2才児は好奇心が旺盛なので、どの子も絵本は大好きです。絵本を見せて「これな～に」と聞くと、得意になって答えてくれます。逆に子どもがお母さんに「これな～んだ」と聞いたときも、「ねこね」「パトカーよ」と、ていねいに答えてあげましょう。長時間聞いていられる子には、ストーリー性のあるものを、ていねいにわかりやすく読んであげます。なるべくその役になりきって、声の高さや話し方もそれらしく読みましょう。

2才児は同じことを何度も繰り返すのが好きです。同じ本を何度も読んでほしがるので、お母さんが飽きてしまって「別の本にしましょう」と言ってしまいますが、一冊の本を暗記するくらい読んであげることがたいせつです。子どもは全文を覚えてしまって、お母さんがそのとおりに読むかどうかをじっと聞いています。その表情は実にイキイキとして楽しそうです。

中には、百科事典や図鑑的な本を好む子もいます。その場合は、自由に思うがまま子どもとの会話をつづけ、いっしょに本をながめて楽しむようにしましょう。

part 3

情操教育 4

お絵かきは自由にのびのびと

鉛筆やクレヨンを与えて画用紙に自由にかかせます。でも、まだ手先をこまかく動かすことはできないので、紙の中におさまらず、床や机の上まではみ出してしまいがちです。また、畳やふすま、壁など、どこにでもかいてしまい、トラブルが絶えません。大きな紙を壁にはって、そこにかかせるというのも一つの解決策かもしれません。

2才の初めのころは、ただの線のなぐりがきのようなものが描かれるだけですが、それをつづけているうちに、偶然にできた形と過去のイメージが結びついて、意味（名前）づけするようになります。無理に「こうかくのよ」と教えないで、自由にかくことを楽しませましょう。教え込めばテクニックはほかの子より早く覚えますが、自分の思うままにかく楽しみを知らない子になってしまいます。

心理学者が絵を判断の材料にすることでもわかるように、絵は子どもの精神状態をあらわします。イライラしているときは、その気持ちを絵にぶつけますし、楽しんでかくときは情緒が安定して、より豊かな心をはぐくむことができるのです。絵かき歌もお母さんが知っているものがあれば教えてあげてください。親子で楽しい雰囲気が味わえるでしょうから。

クレヨンの握り方については、まだあまり神経をつかう必要はありません。指先を使わず、棒のように握りしめてかくことが多いでしょうが、それで十分です。

part 3

情操教育5

テレビは賢く利用しましょう

テレビに関する育児相談はずいぶん少なくなりました。重要なメディアの一つとして家庭にしっかりと根をおろしている証拠かもしれません。

テレビを一日じゅうつけたままで、子どもがその前から動こうとしないというのでは困りますが、テレビはじょうずに利用すれば教育材料として有効に使うことができます。また、言葉は悪いのですが、必要最小限の家事をこなす間の子守がわりに使うのもしかたがないと思います。

できれば、テレビは親子でいっしょに見るようにしましょう。特に幼児向けの番組では、どんな場面のときに、どんな反応を示すかをよく観察してみます。番組が終わったら、親子で内容について話し合うこともたいせつです。それも、記憶を確かめるような質問の仕方でなく、「あの子どんなふうに思ったのかしらね」というような問いかけをすると、子どもの心を育てます。

統計によると、テレビ視聴率がもっとも高い子どもは、1～2才児だそうです。一日に何時間くらい見せてよいかというラインは簡単には決められませんが、おおざっぱに考えて、テレビ以外の遊び（ことに外遊び）が3時間とするなら、テレビは1時間くらいが適当といったところでしょうか。ダラダラとつけっぱなしにしないで、きょうはこれとこれといったように、計画的に見せるのがいいかもしれません。

幼児向きのビデオも、食事の支度をする間など、おとなしくしていてほしい時間に利用するという声をよく聞きます。ビデオを見せる場合は、映像がきれいなものや、メロディーが楽しめるものを選ぶように心がけると、子どものセンスが高まります。とはいえ、テレビやビデオに頼りきるのは望ましいことではありません。

part 3

情操教育 6

音楽は子どもの感性を育てます

最近の子どもは童謡を歌わなくなったという声をよく耳にします。でも、赤ちゃんのころから子どもは音楽が大好きで、体を動かしてリズムをとりながら反応しますね。ＣＤやカセットテープ、テレビにおまかせではなく、ぜひお母さんが繰り返し歌うようにしてください。そのうちに、少しずつお母さんといっしょに歌うことができるようになってくるでしょう。親子で聴いたり歌ったりする楽しさは、子どもの感性を育てるのに大いに役立つので、ぜひ試してみてくださいね。

「げんこつ山のたぬきさん」「むすんでひらいて」といったジェスチャーを伴った手遊び歌も、２才児なら楽しむことができます。最初はうまくありませんが、繰り返しやってみてください。

「だるまさん、だるまさん、にらめっこしましょう」「上がり目、下がり目」「おつむてんてん」「ちょちちょちあわわ」などの簡単な手遊び歌を赤ちゃんのころからやっていれば、このころには、自分で歌いながらできるようになりますよ。

part 3

情操教育 7

小動物とふれ合って やさしい心をはぐくもう

子どもはだれでも動物好きです。動物絵本やテレビの動物番組に非常に反応しますね。身近に動物がいればそれに越したことはないのですが、飼っても手が回りかねてすぐ手放すようでは困りますから、この時期は条件が許さなければ無理に飼うことはありません。

家で飼えない場合には、動物園に連れていったり、散歩の途中で出会う犬や猫に興味をもたせるようにしましょう。珍しい動物がいる大きな動物園に行く必要はなく、近所の公園などにいるうさぎやかめ、小鳥、魚で十分です。できれば、手でふれたり、だっこをするなどして、感触を味わわせましょう。

part 3

情操教育 8

適切なおもちゃを選びましょう

　2才児は一日のほとんどを遊んで過ごしています。遊びが生活の中心であり、さまざまな遊びを経験しながら、体と心を鍛えていくのです。そのたいせつな遊びをさらに発展させてくれるもの、それがおもちゃです。おもちゃを使うことで、子どもの心身はいっそう成長します。おもちゃは適切に選び、じょうずな遊び方を教えてやりたいものです。

　2才になると運動能力を育てるおもちゃとして、ボールが使えるようになります。車も大好きです。創造力を育てるのには、積み木、

大きいブロック、粘土、先の丸いはさみ、お絵かきの道具、折り紙、砂遊びや水遊びのセットなどが適切です。言葉や社会性を育てるおもちゃには、抱き人形、ぬいぐるみ、簡単なままごとセット、電話、簡単な構造の自動車や電車、絵本などがあります。

おもちゃを選ぶときには次の点に留意しましょう。

①子どもの発育に合っているもの
②子どもが喜んで遊ぶもの
③安全で清潔なもの
④いろいろな遊び方ができるもの
⑤丈夫でこわれにくいもの

おもちゃでないものをおもちゃとして使うのが得意なのも、2才児の特徴です。身近な素材からいろいろな遊びを発展させるように導くのもよいでしょう。たとえば、段ボール箱は自動車になったり、家になったり、かくれんぼに使ったりします。お母さんの衣類やふろしきなどは、さまざまな変身ごっこで想像力をかき立ててくれます。

新しいおもちゃを前にして、最初どのように遊んでよいかとまどっているときは、大人が使ってみせるのもよいのですが、「こうしてごらん」と指示しすぎてはいけません。マニュアルどおりにしか動けない子にしないために、自分で試行錯誤する楽しさを味わわせてあげましょう。

とはいえ、おもちゃを与えっぱなしにしておくのはよくありません。遊びを発展させるようなかかわり方が必要となるので、大人は子どもの様子をよく見守ってやり、適切な質問をはさんで子どもに考えさせるようにしましょう。

part 3

能力を高める

子どもの才能を育てる——つまりそれは、その子をどんな人間に育てるかということにほかなりません。いままでの育児は、体の成長を中心に考えていたことでしょう。丈夫ですくすくと育ってくれるだけでも両親は幸せだったはずです。でもこれからは、人間としての心を育てることにも力を注がなくてはいけません。それが才能開発なのです。

才能開発というと、すぐにどこか特別な教室に連れてゆき、特別のトレーニングを受けさせることと考えがちですが、それよりはむしろ、家庭でのちょっとした気配りで能力を大きく引き出すことができるのです。そこで、具体的にどのような気配りが必要か、次に6つの才能開発について例をあげてみました。これらのことを心に留めて育児を楽しみましょう。

part 3

才能開発1

言葉の発達には親のかかわりがたいせつです

言葉は周りの大人とのやりとりの中で育つものです。相手になってもらう機会が多い子は言葉の発達が早く、言葉を使って自分を表現したり、人に伝えたりもじょうずにできるようになり、人の輪も広がっていきます。

子どもはすべて、生後4〜5年のうちに自分の母語の基本を習得するのですが、考えてみるとこれは驚くべきすばらしい能力だといえます。普通、赤ちゃんは最初の1年間は言葉がしゃべれません。でも、この時期に心の中にたくさんの言葉を蓄えていくわけです。

そして2才になったころは、50から100語くらい使えるようになっています。もちろんこれには個人差がありますから、語数にはこだわらないほうがよいと思います。

1才台は「一語文」の時代で、一つの言葉で表現します。たとえば、「ママ」だけで「ママ、眠い」や「ママ、だっこして」を表現します。2才前後から、二つの言葉をつなげて話せるようになります。「ママ、ネムイ」「ママ、ダッコ」と自分の気持ちを表現できるようになり、以後、おしゃべりは日を追ってじょうずになり、言葉の数も飛躍的にふえます。このたいせつな時期に、大人はどんなサポートをしたらよいのでしょうか。

第一に、子どもが話したいと思えるような環境づくりがたいせつです。私たちは、自分の感じたこと、楽しかったことを好きな人、親しい人に伝えて共感してもらいたいと思いますね。子どもも同じです。言葉が順調に育つためには、自分の気持ちを伝えたいと思える人、好きな相手が必要なのです。その人といっしょにいると楽しいし、安心できることがまずたいせつです。子どもの場合、この相手はお母さんやお父さんでしょう。親と子の間に信頼関係がしっかりと築かれていることが豊かな言葉をはぐくむ土台になるのです。

第二に、とにかく子どもと向き合って、子どもの話の「よき聞き手」になってあげましょう。大人が一方的にいろいろな知識を教え込んだり、幼児語を直したりする必要はありません。「ママ、ブーブー」「ほんとだ。大きい自動車ね。どこに行くのかな」「スーパー」「そうね、牛乳を運ぶのかな。ようちゃん、牛乳好きでしょう」「ウン、スキ、スキ」といった、ごく普通の楽しい会話のやりとりが言葉を伸ばしていきます。子どもが幼児語を使うのはかまいませんが、大人はなるべく正しい言葉で話すようにしましょう。

もちろん、会話の中身にある程度の注意は必要です。のら猫を見てお母さんが「気持ち悪い」と言えば、子どもにとって猫は好ましくない存在になりますし、夫の親族について批判をすれば、子どもはその人が嫌いになります。「だからダメって言ったでしょう」と子どもの失敗をとがめれば、子どもは自信をなくすでしょう。お父さん、お母さんのひと言は、大きな影響力をもっているのです。

part 3

才能開発 2

手と指を使う遊びは情緒を安定させます

手先をよく使うことは、子どもの能力を高めるためにとても重要な役割を果たします。考える力を養い、情緒を安定させますから、遊びの中に大いにとり入れてください。前に述べた、積み木遊び、ブロック遊び、粘土遊び、はさみやクレヨンでの遊びは手と指をよく使う遊びです。砂遊びのおだんご作りも、両手をうまく使う練習になります。

折り紙は、日本の伝承遊びとして世界に誇れるものの一つですが、指先の鍛錬にとても効果があります。まだ自分で折ることは無理

ですが、お母さんが折るのを見るのは大好きです。子どもにとってはクシャクシャに丸めただけでもりっぱな作品ですから、「何ができたのかな？」と聞いてあげましょう。お母さんが折り紙で作ったオルガンや風船、紙飛行機は、別の遊びへと発展させることもできます。

折り紙を使って切り紙遊びもできます。切ることは折ることよりも簡単なので、2才児はもっぱら切り紙用として楽しむかもしれません。赤、白、青という色も声に出して聞かせましょう。

小さくなった服をぬいぐるみに着せたり、パジャマを自分で脱いだり、ボタンをはめたりも、手先の訓練になります。そのとき、「じょうずにできるね」などと、ほめる言葉も忘れないでください。

part 3

才能開発 3

チャレンジ精神で運動能力を伸ばします

2才児はいたずら大好き。おもしろいこと、興味のあることに次から次へと手を出し、チャレンジします。このチャレンジ精神を利用して大いに運動能力を伸ばしていきましょう。

お母さんやお父さんにボールを投げることができるようになります。少しずつ距離を延ばしていきましょう。ボール投げは手を使い、目標を考え、目で見て投げるのですから、複合感覚を伸ばすのによい刺激になります。ヨーイドンで、どっちが速いか競争するのも大好きです。負ければくやしいという気持ちも芽生えてきます。お父さんの腕につかまってゆらゆら揺らしてもらう、片手をつないでお母さんの周りをプロペラのようにぐるぐる回る、お布団やクッションの上をころころ転がって乗り越えさせてもらうなど、大人といっしょにできる運動をとても喜びます。

平均台や道路の端を落ちないように歩く、鉄棒にぶら下がる、ジャングルジムをなるべく高く登る、ジャンボすべり台にチャレンジする、高い段差を飛び降りるといった、大人がハラハラすることも積極的にやりたがります。お母さんは「危ない、危ない」と言ってやめさせたくなりますが、禁止ばかりしないで、できるだけたくさん体験させるのがよいでしょう。こういう遊びは強い緊張感を伴います。その結果が満足できるものであればあるほど、その子はさらなるチャレンジ意欲を燃やし、「やる気」も同時に育てることができるのです。

part 3

日常生活の中でも数に対する理解は深められます

才能開発4

おふろの中で「10まで入ろうね」と言って「いち、に、さん……」と数えるのが、連続する数の初体験でしょうか。でもこれは、言葉として覚えるだけで、意味を理解しているのとは異なります。

クッキーが二つあるとき「お友だちとわけっこね」と言って、一つずつ分けることができれば、その子は数を理解していることになります。次はクッキーを四つにしてみましょう。「お鼻は一つ」「おめめは二つ」「二つあるものなあに?」という遊びからも数の確認ができますね。

「どっちが大きいかな」「どっちがいっぱいあるかな」という比較は、大きさや数量の概念を植えつけるのに効果的です。おやつのとき、大きいおせんべいと小さいおせんべいをくらべたり、同じコップにジュースをいっぱいに入れたり、少し入れたりして、どっちがいいかな、なぜかなと質問してみましょう。

子どもが興味をもって、いろいろと問いかけてきたら、めんどうがらずに心を込めて応じることがたいせつです。

part 3

才能開発 5

お手伝いはすばらしいトレーニングの機会です

新しいことをやったり、人まね大好きな時期は、家族のやることに非常に興味があります。お手伝いといっても、実際は足手まといになることばかりなのですが、やりたがったら、形だけでもやらせましょう。洗濯のときはハンカチなどを水洗い、お天気のいい日はパパの枕をベランダにヨイショ、ヨイショ、踏み台を使ってママに頼まれた赤い箱をとるなど、どれもこれもすばらしいトレーニングです。でも、あくまでもこれは子どもの自主性にまかせることで、飽きてしまったらその時点でおしまい。ちゃんと最後までやりなさいという必要もないでしょう。もちろん危険のないようにする配慮も必要です。

part 3

才能開発 6

早期教育は親子のきずながしっかりできてから

3才までに人間の脳の70%が完成するとか、「三つ子の魂百まで」などといわれて「3才まで」が強調される傾向があります。確かにこの時期の子どもの吸収力は強く、また記憶も長く持続するようです。

一方で、世の中全体が気ぜわしくなって、幼稚園に入るための塾だの、英語やピアノや水泳やリトミックなどの早期教育が花盛りです。そのための通信教育もあります。こういう環境の中で迷っているお母さんは多いことでしょう。ほんとうにいいものなら、多少無理しても習わせてやりたいと思うのが、親のすなおな気持ちだと思います。

それぞれの家庭には「こんな子どもに育ってほしい」というビジョンがあるでしょうから、早期教育を受けさせるかどうかは、それぞれの家庭が決めることです。一概にどちらがいいとか悪いとか言いがたいところがあります。しかし、もし早期教育を始めるなら、まず親子のきずながしっかりとできていることが必要な前提条件です。このきずなが強ければ、子どもは安心して外の世界へ出ていくことができますし、少々の失敗にも耐えられます。逆にきずなが弱い子は、心が不安定でイライラしているため、やる気に欠け、早期教育を始めたとしても楽しめないし、期待した効果も上がらないことになってしまいます。

早期教育を始めたあとで子どもがいやがったら、無理じいしないでやめる勇気をもつこともたいせつです。楽しい経験を一つでも多

くという気持ちで始めるならともかく、ほかの子より早く始めれば将来有利なのでは、などというつもりで始めるなら、やめたほうがいいかもしれません。

私個人の意見としては、幼いときは家庭での親子のふれ合いを通して、子どもの能力を発達させるほうが望ましいと思います。2才や3才ですと、専門家の指導にまかせなくても、まだまだ親の力でやれることがたくさんあるはずです。

最近は地域ごとに親子で参加できる教室やイベントが各種企画されています。絵本の読み聞かせや人形劇、リトミック体操などに親子で参加するのは、お母さんの気持ちのリフレッシュにもなりますね。積極的に出かけてみてはいかがでしょうか。

うれしいことも、悲しいことも、何もかも
いっしょになって共感してくれる家族。
自分の存在をしっかり受け止めてくれる
家族の一人一人に、
子どもは安らかな心を寄せていきます。
どうしたら、子どもの心にふれる育児が
できるのか考えていきましょう。

part 4

4章

家族とのつながり

part 4

お母さんの役割

育児は楽しいですか？

初めてわが子を胸に抱いた日のことを覚えていますか。あれから2年が過ぎて「育児ってこんなにたいへんなことだなんて、だれも教えてくれなかった……」といった感想をもつお母さんも多いと思います。そうですね、好きなだけ眠れないし、好きなだけ食べられないし、ショッピングはいつも子連れ。たまには子どもから解放されたいと思って、だれかに預けて出かけていっても、なんだか気になって、外出先から電話をかけたりして。一度お母さんになってしまったら、もうそれ以前に戻れない……。

でも、「子どもを産んでよかったと思いますか？」と尋ねられたら、たいていのお母さんは「よかったと思う」と答えます。重ねて「たまには、いないほうがいいと思うときもあるでしょう？」と聞かれたら、「そのとおり」と答えるのが正直なところでしょう。「子どもを産んでよかった」と思っていても、やっぱり子どもは手のかかるめんどうな存在であることも否定できません。

子どもとともにいて楽しいですか。少しでも楽しいと思えることがあるならば、それだけで、お母さんとしては合格点がもらえそう。これからも、大いに子どもと過ごす時間を楽しみましょう。

でも、2才児をもつお母さんの中には、育児に疲れてくると「あんまり楽しいと思えません」とか「子どもといる時間はむしろ苦痛です」などと言いたくなる人も少なくありません。「子どもの存在を疎《うと》ましく思うなんて、母親失格でしょうか」と自分を責めさいなむお母さんもいます。こういうことは、おおっぴらに言いにくいので、だれにも打ち明けることができずにいると、気持ちは沈みがちになり、ますます育児がいやになっていきます。

ほんとうは、こういうときこそお母さん同士でいろいろ話ができれば、さまざまな考えのお母さんがいることがわかり、自分だけが特別にダメな親ではないということに気づくことができるのでしょうけれど。

母性愛神話にとらわれないで

私たちの周りでは「母性愛」という言葉がことのほか、好まれる傾向にあります。特に男性は「母性愛」というと、何か神聖なおかしがたいものとして感ずるところがあるようです。女であれば「母性愛」がそなわっているはずだ、「母性愛」の乏しい女は女でない、子どもがすくすく育つには「母性愛」が何よりもたいせつだ、といったことは、議論の余地がないこととしてとり扱われています。

でも、この「母性愛」が強調されるようになったのは、歴史的にみると、むしろ新しいことのようです。かつては、子育ては老人や年のゆかない娘がすることで、母親は労働の重要な担い手として、子どもに時間をさかないのが普通のことでした。そういう時代にあっては、昨今のように必要以上に「母性愛」が取りざたされることはなかったはずです。

私たちは、「母性愛」の言葉に振り回されることなく、自分らしいあり方で日々過ごしたいものです。現実のお母さんのあり方には多様性があっていいと思います。無理をして「自分を犠牲にして子に尽くすすばらしい母」

になろうとしても、子どもにはありがた迷惑であるということになりかねません。子どものことは何もかも母親の責任とばかりにかかえ込んでがんばりぬくという姿勢も、子どもによい影響を与えるものではありません。子育てはマイペースで、「母性愛」という言葉にとらわれすぎないほうがよいのです。

厳しいか、甘いか

ときどき、人込みの中で幼い子のほっぺをピシャリとたたいて、「もうそんな子はいらないから！」と言って、子どもをそのままおいてスタスタと歩いていく、そんなお母さんの姿を見ることがあります。見ていた周りの人たちはびっくりしたり、子どもをかわいそうに思ったり……。でも、子どもはワアワア泣きながらも、お母さんを追いかけ、すがりついていきます。お母さんに見捨てられてはたいへん、しかられてもたたかれてもお母さんが大事、お母さんに愛されたいと思っているのです。

2才児は、気まぐれ、わがまま、反抗的といろいろ悪いレッテルをはられる年齢です。だから、お母さんは、日常のあらゆる場面で厳しい顔をすべきか、「まあ、いいわ」と甘い顔をすべきかの決断に迫られます。お母さんが疲れてイライラしている日は、なんでもないことを厳しくしかってしまったり、気持ちがゆったりしている日には、何もかもかわいくて甘やかしてしまったり、育児態度に一貫性がないのが普通の母親です。こういうときには厳しくしたほうがよいとか、甘くしたほうがよいとかといったようなマニュアルがあればよいのですが……。ときには子どもの気持ちに添った行動をとれたり、ときには親

お菓子

のかってで無視したり、というのが母親の自然な姿なのでしょう。でも、母親の働きかけや反応がどんなに矛盾に満ちていたとしても、子どもは基本的に受け入れられているという安心感があれば、その関係を土壌に成長していくものです。

そう考えてみると、育児とはこうあるべきだと理性的に頭で考えてそのとおりふるまうことに心を傾けるより、互いに影響を与えたり、与えられたりしながら、心を通い合わせていくことに重きをおくほうが、母親の役割としてはずっとたいせつなことのように思えます。

よいお母さん像とは?

自分を育ててくれたお母さんのような母親になりたいという人もいれば、自分の母親とは全く違うタイプの母親になりたいという人もいます。「女性の時代」などといわれて女性がもてはやされる一方で、多くの女性は、どんな生き方をするのがよいのか、どんな母親になるのがよいのか、なかなか答えを見つけることができずにあせりをかかえている人も多いのではないでしょうか。

自分にピッタリのよきモデルを見つけようと、キョロキョロ周りを見回してみても簡単には見つからず、どうしたらよいのかわからなくなってしまいます。その分、不安や迷いが大きいというのが現代のお母さんたちの特徴とも言えるでしょう。

響きのいいキャッチフレーズにあまり迷わされることなく、あれこれ試行錯誤を繰り返しながら、望ましい母親像とはどんなものかを問いつづけることが、いまの私たちには必要なのかもしれません。

part 4

お父さんの役割

お父さんの出番です

子どもが2才になって、突然お父さんが登場するというわけではありません。ハイハイができる以前から、お父さんは子どもを抱き上げたり、あやしたり、ときにはおむつを交換したりもしてきました。だから、おちびさんはもちろん、お父さんの顔にも話し声にもよくなじんでいます。でも、赤ちゃん時代には、ぐずったり、泣きだしたり、おむつに便をしていたり、あるいは眠くなって寝かしつけなければならなくなったりというときには、お父さんは選手交代して、やっぱり母親におちびさんの世話を頼むということが多かったのではないでしょうか。

2才になると、父と子はそれまでよりももっと直接的な形で結びつくことができるようになります。母親は日に日に口うるさくなります。「ああしなさい」「こうしてはダメ」などなど。以前は、こんなにお母さんとぶつかることはなかったのに……。それとくらべると、この時期の子どもにとって、お父さんの存在はなかなか魅力的です。だから、夕食時、母親が食事の支度で忙しそうにしているときなどには、お父さんは大歓迎されます。肩に登ったり、腕にぶら下がったりしても、お父さんならガッチリしていて、どこか安心感があります。それに、少々のことでは、かん高い声でヒステリックにしかったりしないので、子どもにとってはうれしいのです。

もし、お父さんがとても忙しくて、毎晩子どもが眠ってから帰宅する日がつづいたり、休日を家族とともに楽しく過ごすことができなかったりしたら、子どもの心は急速に父親から離れていきます。

2才児は言葉が豊かになり、お父さん、お母さんの行動のまねをしながら、多様な能力を身につけていく時期です。お父さんは、ぜひともたくさんの時間を子どもといっしょに過ごせるよう努めてほしいものです。そうすることによって、2才児の心にあたたかいおおらかな父親の姿が刻み込まれていくのですから。

もっともっと子どもと遊ぶことを楽しんで

お父さんと子どもがおふろにいっしょに入るという家庭は多いようです。でも、そのほかの日常生活場面では、案外父と子がいっしょに何かをするということはありませんね。夕食でさえ、毎晩子どもといっしょに食べるという父親はそんなに多くないでしょう。それが、日本のお父さんの現実なのです。

それでは、どんなふうにおちびさんとかかわるのがよいのでしょうか。毎日お土産を買ってきて人気を得ようとする、あるいは、お母さんと同じように食事や着がえの世話をするというよりも（もちろん、それも悪くはないのですが）、できるだけいっしょに遊ぶということを心がけるほうがよいでしょう。

お父さんがお馬になり、子どもを背中に乗せてハイシドウドウをするとか、お父さんの腕に子どもをつかまらせて大きく揺らすなどという運動は、体の大きいお父さんならではの楽しさがありますし、おもちゃを投げるとか積み木を積み上げてから壊すなどというのも、お父さんとならダイナミックにやれます。男の子ならスーパーヒーローになりきってお父さんと戦いごっこをするのが大好きですし、お母さんなら「ダメよ！」と言いそうな乱暴な遊びでも、お父さんならニコニコして遊ばせてくれます。

子どもといっしょに戸外に出るのもよいでしょう。おちびさんは、いつの間にかずいぶんしっかりした足どりで歩けるようになっていますから、お父さんが小さなボーイフレンド、ガールフレンドと手をつないで歩けば、ちょっとした会話も楽しめますね。いっしょに走ることさえできます。「ボール投げしよう」「足でボールをけってごらん」などという誘いにも乗ってきますよ。お父さんとしては、もう赤ちゃんではなく、一人前の子どもになってきたことに感激し、子どもと遊ぶことが何よりの楽しみになるでしょう。

妻を支えられますか

忙しいお父さんたちは、ともすれば子どものことは「ママにまかせたからね」ということになりやすいものです。子どもに関心がないわけではないのですが、実際になかなか子どもと過ごす時間がとれないという父親も多いことと思います。子どもといっしょに遊ぶことをもっと楽しんでください、と言いたいところですが、もしそれが十分にできそうになければ、せめて一日じゅう子どもと悪戦苦闘しているお母さんを思いやる気持ちをもってほしいものです。これは、そうおおげさなことでなくてもよいのです。子どもが眠ってから帰宅したときなら、「きょうはちびさん、どんな様子だった？」「ごはんたくさん食べたかな？」「おしっこはひとりでできた？」などと母親に尋ねることでもよいでしょう。育児に不安があったり、疲れてイライラしているお母さんでも、夫に昼間のことをあれこれ話してみると、なにかホッとしたり、ちょっぴり母親としての態度を反省したりするものです。そして、何よりも夫とそのような会話ができることで、お母さんの情緒が安定します。

このことは、共働きでお父さんが育児に協力せざるをえない状況にある家庭よりも、むしろ、父親は外で仕事、母親は家で家事育児に従事という役割分担がはっきりしている家庭で特に心に留めておいてほしい事柄です。

なぜなら、役割分担がはっきりしているほど、育児は父親の担当ではないとばかりに、いっさいノータッチで過ごそうとするお父さんが多く見受けられるからです。

昔のように大家族で子どもを見てくれる人がたくさんいたり、隣近所に育児の悩みを聞いてくれる親切なおばさんがいるような環境ならよいのですが、いまどきの若いお母さんは、ひとりであれこれ迷いながら、子どもとかかわっていることが多いものです。そんな不安な気持ちをかかえたお母さんの話に、夫が一生懸命耳を傾けてくれるならば、その存在は何よりもお母さんにとって頼もしく感じられることでしょう。

お父さん、あなたは妻を支えられますか。そして、支えていますか。妻を精神的に支えることができる父親は、たとえ直接的に子どもとふれ合う時間が多くなくても、母親を通して、間接的に子どもに大きな影響を与えていることになるということを心に留めておいてください。

家庭の中のお父さん像

お父さんならばこれくらいのことをしなければならないという基準は何もありません。各家庭で、家族のそれぞれができるだけ満足のできるスタイルを見いだしていくしかないのです。ですから、不在がちのお父さんでも、お母さんがたびたび父親のことを話して聞かせるならば、子どもの中にはしだいにハッキリした父親像がつくられていくはずです。たとえば「パパがこれを買ってきてくださったのよ」「お父さんのためにお部屋をきれいにしとこうね」といったぐあいに。もちろん、こうしたことは、夫婦が安定したよい関係をもてて初めて成り立つことではありますが。

でも、せっかく子どもをもったのですから、父親不在で間接的につくられるイメージよりも、坊やのお気に入りの車の絵をかいてみたり、おもしろい顔で動物の鳴き声をまねてみたりといったことで、お父さんの育児の実力を発揮してほしいと思います。お父さんにとっても得るところが大きいに違いありません。

近ごろは、育児に関して何か日課をもっているというお父さんもふえてきました。毎日子どもをおふろに入れる、夜寝る前に本を読んでやる、あるいはパジャマに着がえをさせるといったことが役目というお父さんもいます。お母さんは大助かりですし、子どもにとってもうれしいものです。保育園に行っている子どもなら、お父さんが送り迎えをするという家庭も少なくありません。

こまごまと子どもの世話をする父親に対して、父権の喪失などと非難する人もいますが、同じように子どものめんどうを見ていても、お父さんとお母さんとではやり方がおのずと違ってきているでしょう。ですから、お父さんの男性性にふれることの多い子どもは、お母さんからだけの世話を受けている子どもより、それだけ豊かな刺激を与えられているとも言えましょう。

下に赤ちゃんが生まれたときには、お父さんはさらに2才児と積極的にかかわりをもってほしいと思います。なぜなら、まだまだ甘えたい2才児にとって、お母さんの関心が赤ちゃんのほうに行ってしまったという悲しみはとても深く、お父さんの育児参加くらいで慰められるものではありません。それでも、フラストレーションを受け止め、エネルギーを発散させてくれるお父さんとのかかわりは、とても心強いものなのです。

part 4

核家族の場合

両親が力を合わせて子育てを

結婚して子どもができるまでの夫婦ふたりだけの生活は、独身時代とくらべると変化したとはいうものの、いまにして思えば気楽なものでしたね。でも、子どもが誕生してからというもの、育児戦争への突入とばかりに赤ちゃんに追われる毎日。とりわけ、核家族の初めての育児というのはたいへんです。2才になっても、このたいへんさに大きな変化はありません。

最近、核家族の子育てというのは、あまりよい評価を受けていないようです。やっぱり、昔の大家族のほうがよかった、子どもがゆとりをもって育てられていた、などという主張をよく耳にするようになりました。私たちの国では、大家族から核家族へとあまりに急速に移行したために、とまどいも大きいのだと思います。昔の大家族では、必ずしも子どもを産んだ母親が、母の役割をすべてやっていたというわけではありません。祖母や結婚前の娘たちが「母親的役割」を果たしてくれるというのが普通でした。

「父親的役割」についても同じことが言えます。祖父や父親の男兄弟たちが、「父親的役割」を分担して果たしてくれていたわけで、それだけおおぜいの手がありますと、父親が直接子どもの世話をするなどという必要もまりありませんでした。

ところが、核家族では、まだ若く未経験な親が、むずかしい子育ての全責任を負わされるのです。こんなとき、育児は「母親の天職」などと言って、夫が育児に協力しなかったらどうなるでしょう。母親は相談するべき相手もなく、たちまち育児ノイローゼに落ち込んでいくかもしれません。核家族の育児は、夫婦で力を合わせてやっていきましょう。とりわけ、「お父さんがんばって!」と激励したいところです。

自分たち流のやり方で親と子のきずなを深めましょう

核家族の子育ては、ちょっと分《ぶ》が悪いと言いましたが、核家族ならではのよさもあると思います。家族が少ないので、子どもに対する態度に「ずれ」が生じにくいというのは核家族のよさでしょう。おじいちゃん、おばあちゃんが育児のやり方にいちいち口をはさむ、などという不満をお母さんからよく聞きますが、核家族ならばこうしたわずらわしさからは解放されています。

よけいな雑音が入りにくいということは、マイペースで育児を進めたいお母さんにはずいぶん助かることでしょう。よく「いまどきの若い親は……」などと非難めいたことを言う人がいますが、昔の親だっていろいろな親がいましたし、昔のやり方のほうがよいとは限りません。今日の核家族では、それぞれの暮らしの中で、親の個性を生かし、子どもの個性を生かしながら、親と子のきずなを強めていけばいいのです。

だとすれば、核家族もなかなかいいものです。育児で協力し合えば、夫婦の結びつきはいっそう強いものになりますし、何よりも自分たちの感性に従って、よいと思うやり方で子どもとかかわっていけばいいのです。このことは、未熟な若い親たちにとってはたいへんな試練となりますが、それだけに子育てをしっかりと「引き受ける」ことで、親も「大人」になることができるのだと思います。

子育て仲間をもつことで育児はグッと楽になります

近ごろは、若い両親が育児をするにあたってたくさんの情報が得られるようになっています。育児書といわれる本や雑誌はたくさん出ていますし、保健師さんや近所の小児科のお医者さまなどからもいろいろと教えてもらえます。インターネットのホームページやテレビ、ラジオの番組も育児のことについて多くの情報を流していますし、わからないことを直接尋ねたければ電話相談なども利用できます。子どもが赤ちゃん時代には、何回か保健所の相談窓口に電話をかけたというお母さんもいることでしょう。世の中にはこんなに情報があふれているというのに、それでも核家族では孤立無援の子育てになりがちです。育児に関する知識がいくらあっても、情の通った人間関係がもてなければ、それは子と向き合うときの生きた知恵とはならないことが多いようです。

お母さんの性格にもよるのですが、子どもを連れて外に出るのがめんどうという人は、核家族の場合ですと、どうしても子どもとだけ向き合って一日を過ごすということになりがちですね。そして、コンクリートの密室的状況の下で、昼間ずっと子どもとふたりだけでいますと、「なんだか頭がおかしくなってきそう」などということになるようです。子どもも、一日じゅうお母さんの小言ばかり聞かされて、もううんざりという日がつづくと、母子ともにイライラして育児の悪循環が始まってしまいます。

核家族は両親の負担が大きいので、できるだけ祖父母や知人、友人と交流を密にしたほうが育児も楽になります。２才にもなると、お母さんと離れて遊ぶことが平気な子もいますから、マンションなどに住んでいる場合は子どもを預けたり、預けられたりしてもよいと思います。同じ年齢の子どもをもつ母親同士なら、育児の話がはずむでしょうし、不安なときは相談に乗ってくれる育児の先輩が身近にいればとても安心ですね。遠く離れて暮らしている実家のおばあちゃんよりも、近所の○○くんのお母さんのほうがずっと頼りになるということもあります。

家の中にいるよりは、公園や児童館などに積極的に子どもを連れ出すことで、母と子の両方にとって、思わぬお友だちができるということがあるかもしれません。こうして身近なところで、子育て仲間をつくることができれば、お母さんにとって何よりも心強いことですね。

よりよい子育てを目ざして、親たちが知恵と労力を出し合い、共同保育をやってみようという試みもあちこちで行われているようです。そういう人たちは、いろいろな親子のかかわり方を見ていて学ぶことが多いと言います。自分たちの核家族だけで閉じてしまうことなく、開かれた育児を心がけてみてはいかがですか。さまざまな人との出会いの中で、それまでよりもずっと前向きの気分で子育てができると思います。

part 4

おじいちゃん、おばあちゃんとの暮らし

おじいちゃん、おばあちゃんの知恵

高齢化社会ということがよくいわれるようになりましたが、私たちの周りには、三世代、四世代で暮らす人たちが少なくありません。いわゆる多世代同居家族という形ですが、二世帯住宅というような親夫婦と子夫婦の間で生活空間を分離するといった同居形態をとっていることも多いようです。

世代間の関係は多様化していますが、子育て中の若い両親には、おじいちゃん、おばあちゃんの知恵を借りたい、力を貸してほしいと望む気持ちが少なからずあるようです。人生の先輩として、教わることが多くありそうな気がします。

祖父母による子育てへのかかわり

おじいちゃん、おばあちゃんに知恵や力を貸してほしいという気持ちがあっても、いっしょに暮らすとなると、若い夫婦にとって生

活のいろいろな場面でさまざまなトラブルが起こりがちであることも確かです。特に、おじいちゃん、おばあちゃんに子守をお願いするということには、たくさんの困難があるようです。

たとえば、おばあちゃんは孫にかぜをひかせると困ると思って、いつもセーターを一枚多く着せようとします。一方で、お母さんは薄着が健康によいと信じていますから、たくさん着込んでいる子どもの姿を見つけるとさっそく脱がせにかかります。こうして子どもは、セーターを着たり脱いだりしなければなりません。たかがセーター一枚のことですが、お母さんとおばあちゃんの間で問題がこじれると、「もうおばあちゃんの部屋に行くのはやめなさい！」と子どもにあたることになりかねません。

両親のほうからは、おばあちゃんが甘いものを与えすぎる、おじいちゃんがしょっちゅうおもちゃを買い与えて甘やかす、などの不満が多く聞かれます。祖父母のほうからは、あんなに小さい子に習い事をさせてとか、夜ふかしをさせないでもっと早くやすませたらいいのにとか、若夫婦の育て方に批判的になって、ことごとく対立することも珍しいことではないようです。

ただ、そうした対立があっても、おちびさんにとっては、おじいちゃん、おばあちゃんのおひざはあったかくて気持ちのいいものです。お母さんにしかられたときには、そっとおばあちゃんのところへ逃げ込んで、おせんべいを一枚もらったりして心をなごませます。おじいちゃん、おばあちゃんと暮らしている子が、どこかゆったりしたところをもっているとしたら、こうした心の交流がもてるからかもしれませんね。

育児の主導権は若夫婦に

若夫婦と育児方針がかみ合わない場合には、おじいちゃん、おばあちゃんはもう子守はたくさんという気分になってしまいます。そうでなくても、おじいちゃん、おばあちゃんにとって子守はたいへんな重労働です。体力も必要ですし、気もつかいます。孫と遊んだあとは、ぐったりと疲れてしまいます。

おじいちゃん、おばあちゃんから見ると若夫婦のやることは何もかも未熟に見えて、ついつい口を出したくなるのかもしれませんね。若夫婦はおじいちゃん、おばあちゃんの知恵を借りたい、いっしょだと心強いという反面、あまり干渉されると不満が積もってくるものです。特にお嫁さんという立場ですと遠慮がちになりますから、反論することもで

きず陰湿なムードになりがちです。

育児の主導権は、祖父母でなく、若夫婦がとったほうがよいと思います。特に私たちの国では、短い期間に生活スタイルや人々の意識のあり方が大きく変わりましたし、医学や保健の面でも少し前の子育てとは大きな違いがあります。だから、「私たちが子どもを育てたときはこうだった」という経験が、あまり役に立たないこともあるのです。

お互いに協力し合ってなごやかな環境づくりを

おじいちゃん、おばあちゃんの役割はどちらかというと若い両親をサポートすることに重きをおいてほしいものです。お母さんが忙しいときに、子どもを散歩に連れ出すとか、赤ちゃんにおっぱいを飲ませているお母さんのそばで、おばあちゃんが上の子に絵本を読んであげるとか、ちょっとしたことでも若い両親は大助かりです。

ただ、「援助」という役割だけにとどまりにくいということも、多世代で暮らす家族の多くは経験ずみ。お姑さんとの間がふだんからしっくりいっていない場合は、特に子育てで問題がこじれやすいことも確かです。こと嫁姑関係ということになりますと、根が深くて問題は複雑ですが、子どもの人格形成にもかかわってくることですから、互いに協力し合って、よい雰囲気で子どもとかかわり合えるよう努めるしかないのでしょう。

若い夫婦も心に留めておくべきことがあります。同じ屋根の下に住まうわけですから、都合のよいときだけあてにするというのではなく、子育ての先輩として、おじいちゃん、おばあちゃんの意見に耳を傾けるという姿勢が必要だと思います。

part 4

兄弟姉妹のいる環境

お母さんが赤ちゃんを連れて家に帰ってくると、上の子をとり巻く環境は大きく変わります。それまでは家の中心的存在であり、王様のようにふるまっていたのに、急に家族の関心が赤ちゃんに移り、あんなにかわいがってくれたおばあちゃんさえ、赤ちゃんの顔ばかりのぞいて自分の相手をしてくれません。子どもは強いショックを受けます。お母さんは、赤ちゃんができても上の子と遊んでやったり、ときには赤ちゃんのように甘やかしたりしなければいけないということを知識としてはわかっていますね。けれども、赤ちゃんの世話に追われて、実際に気持ちに余裕がな

二番目の赤ちゃんができるとき

お母さんのおなかが大きくなってきて「ほら、もうすぐ赤ちゃんが生まれるのよ。もうすぐお兄ちゃん（お姉ちゃん）になるのよ」と言われていても、その意味はほんとうのところ、2才児ではあまり伝わっていないようです。お母さんが病院に入院して、実際にしばらくの間離れて生活しなければならなくなって初めて、自分の身の上に何かたいへんな変化が起こっているのだということを実感するのかもしれません。

くなっていることも確かです。

もし、上の子が新しく家族の中に割り込んできた赤ちゃんに強い憎しみを示すようでしたら、その憎しみの感情をもて余しているのは、ほかならぬその子自身であることを理解してあげてください。でも一方では、小さな弟妹を愛し、いとおしいと思う感情が全くないわけではありません。両親は、子どもがこの両方の気持ちのバランスをうまくとりながら表現できるように、力を貸してあげなければなりません。

きょうだいげんかの役割

子どもが複数になると、必ずきょうだいげんかが始まります。年齢の開きが多少大きかろうと、性の異なる兄弟姉妹であろうと、そういうことにはあまり関係なく、けんかは始まるものです。両親はきょうだいげんかを目のかたきにしますが、家庭の中の子ども同士のけんかは、そう悪いものではないのです。

けんかは、勝ち負けに関係なく子どもの精神を強くします。でも、子どもが幼いときは、たいてい年上の子のほうが強いので、親は小さい子を守ろうとして、干渉しに入り込んでいくことが多いのではありませんか。年上の子は自分のほうが圧倒的に強ければ、どこか手かげんすることを学ぶでしょう。年下のほうは、負けるとわかっていても戦いをいどんでいきます。

きょうだいげんかはたいてい両方に言い分があるものですから、2才児が6才のお兄ちゃんにかかっていくとき、兄と対等に競争することができる自分にどこか誇りを感じています。親が介入しすぎると、この2才児の誇りを踏みにじることにもなりかねません。

でも、「一方がけがをするまでほうっておくことはできません」とお母さんはおっしゃるかもしれませんね。そのとおりでしょうが、ちょっとがまんして、けんかの行方を見守ってみてはいかがでしょう。けんかをつづけるという積極性は、子どもの将来にとってマイナスにはならないと思います。

兄弟姉妹はお互いに多くのことを学んでいます

毎日けんかをしているきょうだいでも、たとえば一人がおばあちゃんの家に泊まりに行ったりすると、「いつ帰ってくるの？」と言ってさびしそうにしています。下の子が外に遊びに行っているときは、「このおやつ、としくんの分を残しとくね」と半分しか食べなかったりします。兄弟姉妹という関係は、親の愛を奪い合うライバルでありながら、けっこう心の結びつきが強いものでもあります。

下の子は、お兄ちゃんやお姉ちゃんからずいぶん多くのことを教えてもらいます。積み木で高い塔を建てるやり方、三輪車のじょうずな乗り方、はさみで折り紙を切る方法、はたまた、洋服のよごし方、おもちゃの散らかし方、口ぎたなく相手をののしる言葉なども兄姉から教わります。年齢の近い年上の子どもから教わるということは、子どもにとってたいそう魅力のあることのようです。お兄ちゃんやお姉ちゃんが教えようとするときは、親から教わるときよりもずっと熱心に覚えようとします。

下の子が上の子からたくさんの刺激を得ていることは確かですが、上の子もまたいろいろなことを学んでいます。年上らしくふるまおうとする自制心や積極性、親に協力しようとする気持ち、子ども同士の連帯感、思いやり、フラストレーションの処理の方法など、年下の子とのかかわりの中で、多くのことを体験し、身につけていくことができます。

子どもとふたりきりの時間は オーバーなくらい愛を表現して

兄弟姉妹に平等に接しているつもりでも、実際には、何番目の子どもであるかということで、親の態度はずいぶん違ってきます。育児日記は、最初の子のときはびっしり書いているけれど、二番目以降は空白だらけとか、写真も上の子は多いのだけれど、下の子はほんの少しなどということも起こりがちです。「どうしても上の子にばかり目が行って干渉がましくなります」というお母さんもあります。また、体が弱い、病気がちという子どもに手をかけすぎる、三番目以降は大胆な育て方になるなど、同じ親による子育てでも、親の年齢や経験、生活の状況などで養育態度は異なっているものです。

完全にどの子に対しても同じ態度で接することは無理かもしれませんが、せめてどの子もたいせつに思っているということを示すよう、努力したいものです。具体的には、子どもと一対一でいる機会、たとえば、上の子が幼稚園に行っている時間や、下の子がお昼寝をしている時間などで、子どもが親とふたりきりになったときには、その子を思い切りかわいがってあげます。少しオーバーな表現をするぐらいでちょうどいいかと思います。

子どもはどの子も、きょうだいとくらべてどこか自分のほうが損をしている、大事にされていないなどという気持ちをいだいていることが多いものですから、親からおおげさに愛を表現されると、安心し、満ち足りた気分になるはずです。

part 4

シングルで育てるとき

母親だけで育てるとき

子どもの養育をひとりで背負わなければならないというのは、想像以上にたいへんなことです。あまり育児に参加しない父親であるとしても、お母さんは夫に勇気づけられたり、刺激を与えられたりすることはあるでしょうし、少なくとも家庭内に子ども以外の話し相手がいるということは、母親にとって、たいへん重要なことと言えます。父親が単身赴任や病気などで不在というときは、子どもをおふろに入れたり、着がえをさせたりということを日常お父さんにやってもらえないかもしれません。でも、そのようなときでも、夫婦が十分に心を通い合わせられるように努力すれば、困難を乗り越えていくことができるでしょう。

しかし、人生には思いがけないことが起こるものですから、突然、全く孤独に子どもを育てていかなければならないという事態も起こります。子どもが生まれる前からわかっていたことであれば、ある程度覚悟のうえかもしれませんが、2才ごろになって突然ということですと、まずそのショックから立ち直るのにたいへんなエネルギーを必要とします。

生活の必要上から、働きに出なければならない場合は、信頼できるベビーシッターをさがしたり、保育所に入所させる手続きをとったりして現実的に対処していかなければいけません。一方で、お母さん自身の不安とか孤立感といった問題を相談できるような人間関係をもつこともたいせつです。子どもに起こってくるたいていの問題は、シングルだから起こるというものではありません。どんな環境で育つ子にも共通して起こってくる問題であることが多いのですが、孤立状態で子どもを育てていますと、なにかものすごく特別の事態が、自分と自分の子どもに起こっているのだという気がしてきます。そのようなとき、専門家に援助を求めたり、同じ年ごろの子どもをもつ母親と交流したり、田舎にいる祖父母に話を聞いたり、というようなことができると、子どもとの接し方もずいぶん違ってくるでしょう。

シングルになって子どもに悪いことをした、あるいは子どもがかわいそうといった気持ちから、子どもを甘やかしたいと思うようになるかもしれませんが、子どもはそのことによってむしろ不安な状態になり、厳しくされるよりも苦しむかもしれません。お母さんは自信をもって、子どもに制限を加えるところでは加え、かわいがるところではかわいがるといった、めりはりのある態度をとるように心がけましょう。

父親だけで育てるとき

父親だけで子どもを育てなくてはならないとき、母親だけで育てるよりも、もっと多くの困難があるかもしれません。よく「世間は、母子家庭には厚く、父子家庭には冷たい」などといわれますが、父子家庭になった場合、父親の多くはすぐに自分の母親、つまり、子どもにとってはおばあちゃんに援助を求めるようです。しかし、それがかなわない場合、父親はひとりで子どもを育てなければなりません。

もし、父親の職業が子どもといっしょに過ごす時間を十分にとれないような職業ですと、父親はたいそう悩むことになります。シングルになった時点で、子どものために転職したという父親もたくさんいます。

急に保育所に入らなければならなくなった場合や、慣れないベビーシッターに預けられて昼間を過ごした子どもは、夜お父さんが帰ってくるのを待って、かんしゃくを起こしたり、反抗を示したりするかもしれません。これはシングルであるから起こすというわけではないのですが、疲れて帰宅したときに、ひとりで子どもの感情を受け止めなければならない父親には、なんとも負担が大きく、腹立たしくなることも多いかと思われます。

たいていの父親は、母親よりも子どものかんしゃくやいらだちに対処することが苦手なものです。子どもに当たり散らし、子どもをいっそうみじめな状態に追い込む前に、お父さん自身の精神状態を安定させる方策を考えなくてはなりませんね。離別のときはグチっぽくなりがちですが、いなくなった妻の悪口をくどくど繰り返したりすることのないように。これは、祖父母に養育を頼んだ場合も、気をつけなければなりません。自分の母親（あるいは父親の場合も同じですが）の悪口を聞かせつづけられて大きくなった子どもは、自分自身を愛することができなくなるかもしれないのです。

子どもが、ひとりの親という家庭環境に適

応するには、かなりの時間が必要かもしれません。しかし、どちらかの親ができる限り家族としてのあたたかさを与えつづける努力をするならば、子どもはそのことを十分に感じとり、明るく成長していくことができるはずです。

part 4

共働きの両親の場合

安心できる預け先をさがすことが先決です

子どもが生まれてからも、お母さんが仕事をつづけるということが珍しいことではなくなりました。両親が家庭外に勤めをもっている場合、産後どれくらいの期間、育児休業もしくは勤務時間短縮が可能なのかといった職場の労働条件と照らしながら、子どもを養育する方法をこれまでもあれこれと考えてきたことでしょう。

しかし、子どもが2才くらいになって突然勤めに出ることになった場合は、子どもの養育をだれにまかせるかは重大事です。保育所に入所できるとよいのですが、地域によっては申し込んでもすぐに入所できるとは限りません。定員にあきが出るまで待ってくださいということになります。子どもを預けることができるおじいちゃんやおばあちゃんがいれば、もちろん大助かりですが、そうでない場合は、ベビーシッターをさがすということになります。近ごろは都会では民間のベビーシッター派遣業が盛んですから、そういうところにお願いするか、あるいはご近所のよく知っている人とか、友人が紹介してくれた人などに頼む場合もあるでしょう。

ベビーシッターを選ぶ場合は、当然のことですが、できるだけ〝子ども好き〟の人を選ぶこと。また、2才前後の子どもならば、どちらかというと、子どもを育てた経験のある人のほうが望ましいでしょうね。もちろん、両親の思いどおりの人がすぐに見つかるとは限らないのですが……。子どもを託す人に対しては、子どものふだんの様子はもちろんのこと、支払うお金のこと、両親の勤務状況など、あらかじめ思いつく限りのことを伝えておきましょう。

働くお母さんに悩みはつきものです

保育所に入所できることになったり、あるいは安心して昼間子どもを預けることのできる人が見つかったりということで、お母さんが仕事をする最低の条件がととのっても、3才以下の子どもを育てているお母さんにとっては、まだまだ克服すべき問題がたくさんあります。

もっとも大きな問題は、「3才までは母親の手で育てるべきだ」という主張に対して、どのような態度をとるかということかもしれません。この主張は、現在も働くお母さんを脅かすものとなっていますが、それだけではなく、家庭にいるお母さんにとっても大きな心理的圧迫になっているようでもあります。

昔の社会では、お父さんの役割、お母さんの役割というのは、大部分、社会慣習によって決められていました。ですから、子どもが生まれると、上の世代の人たちから伝えられるままに、その役割を果たせばよかったのです。現代では、人々はとてもバラエティーにとんだ生き方をしていますし、また、とりわけ女性の結婚後の生活スタイルはいろいろですから、子どもが生まれてからのちに生じるいろいろな問題をどのように考え、どのように処理していくか、モデルが身近になくてとまどうことが多いと思います。

お母さんは、自分の仕事上のストレスのうえに、子どもを預けるストレスというものを体験します。自分が不在のとき、自分以外の人が子どもをどういう方法で育児しているのか、集団で保育されている場合は、そのような場で十分なことをしてもらえるのだろうか、考えれば考えるほどますます不安になってきます。

子どもが病気のときも困りますね。子どものそばについていてやりたいと思う反面、仕事を休むわけにはいかないという気持ちもあります。これらのことは、家庭によってかなり条件が異なりますので、それぞれが問題解決能力を備えていかねばなりません。たとえ

ば、夫や祖父母との協力関係、職場での人間関係、母親自身の性格や体力、子どもの心身の健康状態など、すべてのバランスをとりながら、育児を進めていくしかありません。みんながこうしているからとか、だれか偉い学者がこう言っているからそのとおりにやってみようというのではなく、いろいろ悩みながら、自分なりのやり方を見つけていくことが必要なのではないでしょうか。

いつも親の都合が優先されているような場合、たいていは、子どもの側が元気がなくなるとか、熱を出すとかして「少しは子どもの都合も考えて」という信号を出してくるものですから、その信号をきちんとキャッチして、親の態度を軌道修正するくらいの余裕は残しておいてほしいものです。

子どもを託すと決めたら託す人を全面的に信頼して

「子どものことがいちばんわかっているのは自分である」と思っているお母さんが多いと思います。そのことが本当であるかどうかはさておき（なぜなら小さい子どもと一日じゅうつきあっていると、むしろ子どもの本来の姿が見えなくなることもよくあるようですから）、とりあえず、子どもをだれかに託すときには、子どものいちばんの理解者として、その子の日ごろの様子をくわしく伝えます。たとえば、こういうときはよくかんしゃくを起こすとか、昼寝のときは決まったタオルが必要とか、食は細いほうだとか……。それとともに、育児の方法に関するお母さんの希望もできるだけ話すようにします。

しかし、最終的には子どもを託した人の人柄にまかせるしかないので、託した限りは全面的に信頼して「まかせる」ということにしなければなりません。託した人の子どもに対する態度にお母さんが不安や不満をいだいていますと、その不安や不満はすぐに子どもに伝染します。たとえば、あるお母さんは、仕事に出ている間、お手伝いさんに子どもを託していましたが、そのお手伝いさんが方言で子どもに話しかけることがイヤでしかたがありませんでした。仕事が終わって家に戻ると、子どもがそのお手伝いさんそっくりの話し方をします。そこで、お母さんはあわてて子どもの言葉を訂正するというようなことをやっているうちに、子どもはだんだん母親に話をしなくなっていきました。これは、人に育児を「まかせる」ことができなくて、失敗した一例です。

子どもがともに時間を過ごす人の影響を受けるのはあたりまえのことです。育児をめぐって、母親もそれ以外の保育者もともに責任あるかかわりをもつことが望まれます。

保育所などでは、たいてい実行されていますが、個人に預ける場合でも、できれば親が見ていないときの子どもの様子をノートなどに記録しておいてもらえるよう話し合ってみてはいかがでしょうか。両親が職場にいるときに、子どもが何を食べ、どんなことをしたのか、それに対して保育者はどうしたのかということが何か記録として残されていると、それだけで親は安心できますよね。

いずれにしても、子どもをだれかに託すときには、両親と託す人の人間関係がうまくいくかどうかが、いちばん重要なポイントとなってきます。

子どもははっきりとした個性をもって
生まれてきます。
わが子の個性にとまどいや不安を
いだいているお母さん、お父さんも
多いことでしょう。
どうすれば子どもの個性を理解し、
それぞれに合った対応をすることが
できるのでしょうか。

part 5

5章

2才児の個性とその扱い方

part 5

2才児の個性

どの子もみんな個性的です

子どもはみんな、生まれてすぐから個性豊かなものです。赤ちゃん時代を思い出してみてください。あなたのお子さんはどんな赤ちゃんでしたか。おっぱいをたくさん飲んだ子、あまり飲まなかった子。夜はぐっすり眠った子、夜泣きで両親を困らせた子。離乳食を喜んだ子、いやがった子。人見知りのはげしかった子、だれに対しても平気だった子。早い月齢で歩いた子、いつになったら歩けるのかと心配させた子。いつも機嫌のよかった子、

ぐずってばかりだった子。ほんとうにいろいろな子がいますね。

たくさんの子どもを育てたお母さんは、このことをよく知っていますし、子どもの姿をよくとらえることができる保育所の先生も同様です。人は一人一人とても違っているものなのです。

とり扱いのむずかしい、特別に手のかかる赤ちゃんというのは、いつの時代にもかなりいて、赤ちゃんといえば粉ミルクのコマーシャルに出てくるような赤いほっぺでニコニコ顔の赤ちゃんしか見たことがなかった新米ママたちを困惑させてきました。しかし、よちよち歩きが始まるまでは、お母さんは赤ちゃんのおなかをいっぱいにしてあげることや、泣いていればしっかりと抱き締めてあげることで「個性」に対処することができました。おばあちゃんから「抱き癖がつく」と非難さ

れることがあっても、「育児書には抱いてやれと書いてあるわ！」と応戦し、睡眠時間を削ってまで、子どもの世話に全エネルギーを注ぎ込んできました。この時期のお母さんは、「赤ちゃんを甘やかしすぎてダメにしているかしら」と不安に思うことはあまりなかったことでしょう。しかし、1才半を過ぎて、「しつけ」を意識し始めると、子どもの「個性」は赤ちゃん時代よりも、もっと親にとって気になることになってきます。

そもそも、子ども一人一人の違いを「個性」であるとするとらえ方は、私たち日本人は得意ではないかもしれません。私たちはたいてい、扱いやすい子は「いい子」、扱いがむずかしい子は「悪い子」ということにして、育児の目標は、「悪い子」は「いい子」に、「いい子」は「もっといい子」にすることだと考えがちなのではないでしょうか。この考え方は、幼稚園や小学校段階にまで及んで、学校ではたくさんの「いい子」と、少数の「悪い子」という色分けがされています。

ともあれ、ますます個性がはっきりしてくる2才児をどのようにとり扱うのがよいのかは、親にとってはたいへんな問題です。動き回る子、おとなしい子、自己主張の強い子、のんびりしている子、神経質な子……、それぞれの個性でもって、自分の個性に合った対応を要求してきます。

「この子らしさ」を見つけて

二人以上の子どもをもつ親からは、「同じ親から生まれたのに」「きょうだい同じように育てているのに」などといったせりふが、決まり文句のように繰り返されます。ときどき親は2才児を見つめ、「おちびちゃんよ、あなたはなぜあなたなの？」と問いかけてみたくなるのです。

　いまとなっては驚くべきことと言いたくなりますが、１９５０年代までは、子どもについての専門家でさえ「赤ちゃんは生まれつき個性的である」と考えている人は、あまりいませんでした。健康な赤ちゃんはみな気質や能力は同じようなものであり、幼児期以降に示される個性の違いは、生まれてからのちの「経験」によって生じるものと信じられていたのです。そして、子どもの「経験」にいちばん責任があるのは、子どもの「親」であると考えられますから、子どもの個性をつくり上げたのは、ほかならぬ親であるとするのが一般的でした。今日では、赤ちゃんが初めからはっきりとした個性をもって生まれてくるということは、だれもが認めるところとなりましたが、それでも相変わらず2才児の示す

個性的行動は、それまでの親の扱い方の違いからくると思われがちです。

子どもが何か困った行動を示すと、世間の人々はいっせいに「親が悪い」と言いますから、親もそう言われないようにがんばります。しかし、ほんとうは世間にりっぱな親だと言ってもらうことに心を砕くよりも、まずわが子がどういう子であるのかをよく理解しようと心がけることのほうがずっとたいせつなのですけれど……。子どもの行動がその子の活動性の高さからくるのか、緊張しやすさからくるのか、感受性の強さからくるのか――はっきりしたことはわからないまでも、近所のけんちゃんとは違う、いとこのまりちゃんとも違う「この子らしさ」のようなものがありそうだと感じられるようになればしめたものです。少し心のゆとりをもって見守ってやろうという気になってくるのではありませんか。

子どもに合った対応を。個性はどんどん伸びます

では、子どもの個性に親や周りの環境が影響しないかと言えば、そうではありません。それどころか、子どもが個性豊かに成長するには、周りからの働きかけが非常に重要です。子どもの特徴を理解し、その子どもに合った対応をすることがとてもたいせつであることを強調したいと思います。

子どもの生まれつきもっている個性は、ずっと変わらないというものではなく、子どもは親や周囲の人々に影響を与えるとともに、そうした人々からの影響を受けながら大きくなっていく存在であることは、言うまでもありません。

「でもね、個性を理解してなんて、きれい事言われてもね……」とお母さんたちは言いた

くなりますよね。いたずらっ子に対しても、内気な子に対しても、親はいろいろと、そのとり扱いに悩みをもつものです。

子どもの個性は、家族の状況や親の性格などによって扱われ方が違ってくるのは当然のことでしょう。そのため、個性に対応するには、「私だったらどうするか」ということを親としては常に考えなければなりません。これはひょっとしたら、世間の基準に自分を合わせることよりも、ずっと厳しくむずかしいことかもしれませんね。

そこで次のページからは、動き回る子、おとなしい子、神経質な子について、その対応の仕方のヒントになるようなことを示しておくことにします。「うちの子、どう扱ったらいいのかしら」と悩んでおられるお父さん、お母さんに、参考にしていただけたらと思います。

part 5

2才児に多く見られる個性❶

動き回る子

好奇心、探究心が人一倍旺盛な証拠と考えて

1才半から2才にかけての子どもは、「ちっともじっとしていない」という特徴をもっているのが普通なのですが、その「動き回り方」がどの程度だと「普通」で、どの程度だと「普通以上」であるのかは、判断に苦しむところです。

2才児の育児相談では、このタイプの子どもをもつお母さんからのものがとても多くて、「何でもさわり回る」「落ち着きがない」「すぐにどこかに行ってしまう」と表現はいろいろですが、一日じゅうつきあっていて疲労困憊《こんぱい》させられる親にとっては、だれかに相談したくもなるのでしょう。

このタイプの子どもがなぜそんなに「動き回る」かということについては、確かなことはわかっていないのですが、遺伝によるものだと唱える学者もいます。育児に直接たずさわらない近所のおじさん、おばさんだと「元気でいいじゃない」「子どもってそんなものよ」と、無責任なことを言いますが、育児担当の責任者である親にとっては、「この先、ずっとこのような状態だったら、いったいどうなるのだろうか」と不安になってきます。

「だいいち、幼稚園に入っても、じっとイスにすわってお絵かきなんてしそうもない」「本を読んでやろうとしても、じっと聞いていたことなんてないんだから」と心配は広がります。

「この先どうなるのかしら」「親としてどうすればいいのかしら」と心配するお母さんに対しては、「あなたの周りに、小さいとき落ち着きがなかったと言われていた人はいませんか」と尋ねる必要があるかもしれません。案外、身近なところにいる人、たとえば子どもの父親がそうであったりすることがあります。そういう場合は、「まあまあ、大きくなるまでにはなんとかなりそうだわ」と考えることができるのではないでしょうか。

身近にそういう人がいなくても、こういう動きの多い子で、小さいときは問題児扱いされていた子が、大人になって偉業をなしたということはよくあるようです。レオナルド・ダ・ヴィンチ、ウィンストン・チャーチル、アルバート・アインシュタインなどは、このタイプの子どもであったといわれています。動き回る子どもがみんなアインシュタインになれるかどうかは別として、ひとまずこの子たちは、好奇心、探究心が人一倍旺盛であるに違いないと解釈することにいたしましょう。子どもとつきあうときは、できる限り楽観論者になるほうがずっとうまくいきそうに思えますから。

所かまわずどこにでも入り込む、家具によじ登る、何にでも手を伸ばすというのは平均的な2才児の行動特徴でもありますが、動き回る子の多くは、これに注意力散漫、集中力欠如というのがプラスされているものですから、親としては気がかりなのでしょう。確かに、注意を持続させることができないということが大人になるまでつづいたりすると、これはハンディキャップになるかもしれませんが、いまのところそこまで考える必要はないように思えます。

しかるよりもほめ言葉を多くかけて

「いっときもじっとしていない」「落ち着きがない」と言われる子どもは、ひとみがキラキラしていてとてもかわいいのですが、親の忍耐力が午前中で限界に達してしまうものですから、お母さんは午後から夜にかけて、子どもがやることなすこと全部気に入らず、制限してかかるという悪い行動パターンをとりがちです。またこうした場合は、子どもにかける言葉もトゲトゲしいものになってきます。こういう子どもたちは、外見よりもずっと感受性が強いので、ほんとうはお母さんからたくさんのほめ言葉がほしいと思っているのですが、残念ながらその機会はほかの子どもよりもずっと少ないという結果になってしまうのが現実でしょう。

「自己主張が強い」という特徴とセットになっている場合は、お母さんと子どもの関係はさらに悪化の一途をたどります。「やめなさい」ということも、「やりなさい」ということも、まるで耳に入らないかのごとくにふるまうので、お母さんの声はついつい荒らぎ、ついには実力行使ということになります。

このタイプの子どもは、ケガも多く、洗面所をせっけんの泡だらけにしたついでに、横においてあったカッターで手を切ったり、テーブルの上から転がり落ちて頭を打ったり、ガスレンジの上の片手なべに手を出してやけどをしたりしかねません。

家の中で過ごすときは、危険なものがない

かどうか、いつも目を光らせておきましょう。そしてそのうえで、少しゆっくりと子どもの様子を観察してみましょう。何か一生懸命集中しているようですと、親としてはちょっと解放された気分になり、つかの間の休息をとろうということになりがちですが、あまりほめてもらえることの多くない子どもですから、こんな機会こそ、意識して肯定的な励ましの言葉をかけることも必要です。

どんな子どもでも、大人のほめ言葉は大好きですから、「あ〜ら、すごい！」「とってもじょうず！」とタイミングよくほめ、「もっとできるかな」とか「もう少しだね、がんばって！」と励ますと、いい気持ちになって、望ましい行動を積極的に行うようになります。「そっちへ行ってはいけない！」「さわってはいけない！」とダメダメづくしでは子どももうんざりですから、極力否定形で接することを避け、「こうしてみよう」「こっちがおもしろそうよ」と肯定形の教育を採用するようにしてはいかがでしょう。誘いに乗ったら、おおげさにほめると、子どもはうれしい気持ちでいっぱいになるでしょう。

生命に危険のあるようなことをしそうになったときは、もちろん厳しくしかりつけてもかまいません。しかし、しょっちゅうしかっているお母さんでは、子どもは「マタカ……」という気分で聞くことになりますから、しかる必要があるときに、ここぞというところで、短く、真剣にしかるのが効果的です。しかりながら母親自身が興奮してきて、感情的になりそうでしたら、話題を変えるとか、頭を冷やすためにその場を離れるとかしてみたほうがよいでしょう。子どもをおどしたり、暴れる子どもと格闘をしてしまうというのは、あまりよい方法ではありません。

2才児に多く見られる個性❷

おとなしい子

「いい子」すぎるのもちょっと心配です

ふだん暴れん坊である子が、急におとなしくなった場合は、親は「どこか悪いのかしら」と心配になり、お医者さまに連れていくなどということをするかもしれません。しかし、もともとおとなしい子は、さほど大人を困らせる存在ではないので、そのために専門家に相談に行ったり、育児書を読んでみたりというようなことをする親はあまりないようです。この子たちは、別名「おりこうさん」と呼ばれていますので、はげしいかんしゃくを起こすことも、はっきりとした反抗的な態度を示すこともあまりありません。

こういう子どもに関しては、偏食があるとか、公園に遊びに行っても母親から離れようとしないというようなことで、「ちょっと気になるのですが」という相談が相談機関に持ち込まれることはありますが、おとなしいということ自体は、どちらかというとお母さんたちに評判のいい特徴として受けとられる傾向があります。でも、ほんとうのところ、この年齢では親をさんざんてこずらせてあたりまえ。いたずらもしない、お母さんの言うことにすなおに従うというのは、あまり喜んでばかりはいられないという気がします。おどかすわけではありませんが、小さいときにとても「いい子」で、親の思いどおりにスクスク大きくなったという子が、案外中学生くらいになっていろいろな問題行動を起こすことが多くあるのです。

2才児で大人とぶつかることが少ないという子どもは、活動性が低いとか、順応しやすいとか、感情表現の方法がおだやかであるとかといった特徴を生まれつき備えもっていることも多いのですが、それにしても、自我が芽生えてくるこの時期におとなしすぎることは問題視されてよいと思います。

大人の都合で子どもの自由を奪っていませんか

お母さんがとてもきちんとしたかたで、しつけの方針もしっかりしており、おうちをきたなくされるのが嫌いで、食べ物も厳選されていて……というような場合は、何事もすべてお母さん主導で動いているので、子どもの自由な行動が抑圧されてしまうことになりがちです。こういうお母さんに育てられた子は、大人好みのおとなしい子どもに成長していきますが、成長の過程で親への不満を蓄積させていくか、あるいは自主性のない人間になってしまうか——いずれにしても、あまりよい結果を生むものではありません。

親の過保護から、お人形さんのようになってしまうというケースもあります。けいちゃんは、色白で目がパッチリしたとてもかわいい女の子。お母さんはこの子に、いくつもの女の子らしいひらひらのいっぱいついたワンピースを買ってやり、あれこれ着せて楽しみました。けいちゃんは、外遊びよりも家の中で静かに遊ぶほうが好き。親の望みをすべて察しているような模範的なおりこうさんです。でも、けいちゃんが何かをやりたいと思う前に、お母さんが何でもやってしまうので、何が食べたいか、何を見たいのか、ちっとも表現しなくなってしまいました。表情も乏しくて、なんだかいつもつまらなそうな顔をして突っ立っています。毎日の生活の中で、もう少しけいちゃんがみずから決定権をもつ場面がふえるといいのですけれど。

お母さんの柔軟性の乏しさとか、過保護とか、いろいろお母さんを悪者にしてしまいましたが、お母さんのせいだけにしてはいけませんよね。おじいちゃん、おばあちゃんと同居しているときは、祖父母への気がねから、子どもの自由な行動を制限してしまうようなことも多くあるようですし、狭苦しい住環境では、隣近所への遠慮もあって、子どものいたずらを許容することもなかなかむずかしいことだと思います。

「ちょっといい子すぎるかしら……」と思われるようでしたら、大人が子どもにおおいかぶさってしまっていないかチェックしてみて、生活の中のいろいろな部分を子どもにまかせるようにしてみてはいかがでしょうか。食べたいものを食べさせる、行きたいところへ行かせる、遊びたいように遊ばせるなど。すぐには積極的に行動しないようでも、じっと見守ってあげましょう。

お友だちの中に入っていくのは勇気のいることです

乱暴すぎる子が子ども仲間の中に入っていくとき、親はちょっぴり心配します。お友だちを突き飛ばさないか、かみつかないか、お友だちのおもちゃをとり上げてしまうのではないか……。おとなしい子の親は、それとは逆の心配をしなければなりません。お友だちに突き飛ばされないか、かみつかれないか、おもちゃをとり上げられてしまうのではないか……。子どものほうもやはり同様の心配をしているかもしれません。

静かで、きちんとした生活環境の中で、大事にされてきたおとなしい子どもにとって、子ども仲間というのは、なんと乱暴で、下品で野蛮な生き物なのだろうと思ってしまいます。目まぐるしい動き、キンキンした大きな声、一貫性のない物のとり扱いぶり——友だちのおもちゃをとり上げようとしたり、砂場でとっくみ合いをしたりといったふるまいに、おとなしい子は圧倒されてしまうのです。

でも、ちょっぴりおもしろそうだな、自分と同じくらいの大きさの人間と遊んでみるのもよさそうだなという気もあります。そんなとき、子どもはお母さんと離れたいと思うのですが、その勇気がありません。お母さんのスカートの端っこをしっかりとつかみながら、思い切ってお友だちのほうに近づいてみようか、どうしようか……と悩んでいます。

お母さんの中には、もうだいぶ大きくなったのだからと無理やりお友だちの中に入れようとするかたもいます。しかし、まだお友だちと遊べないからといって心配することもありませんから、しばらくはお友だちが遊んでいる様子をお母さんといっしょにながめているとか、お母さんのそばでひとり砂遊びをするとかといったことを十分楽しませましょう。

それまで、兄弟姉妹とばかり遊んできた2才児は、同年齢の子の中に入っていくことに抵抗がある子もいます。おとなしい子に急に活発になれと要求するのは、大人側の身がってな期待ともいえましょうから、その子なりの遊びのペースを見守っていきたいものです。

part 5

2才児に多く見られる個性3

神経質な子

好かない大人というのがあるようです。赤ちゃん時代の人見知りによくあるように、眼鏡をかけた男の人が嫌いとか、黒い洋服を着ている人をいやがるといった、はっきりした特徴が示される場合はわかりやすいのですが、やさしそうな語りかけやいかにも子ども好きといった容貌の人でも、過剰な拒否反応を示す場合もあります。そういうときは、子どもがその人のどういうところに反応しているのか、周りの大人にはよくわかりません。それまで親しんできた人なのに、急にいやがるようになるといったこともあります。

人に対して過敏な反応を示す子どもの多く

人に対して過敏な反応を示します

「うちの子は神経質で……」と親が言う場合、子どものどういう行動をさして言っているのでしょうか。赤ちゃんの場合ですと、物音がするとおっぱいを飲むのをやめてしまうとか、人見知りが強いとか、外出した日には夜泣きするとかといった場合に、「神経質」と言われることが多いようです。こういう子どもたちは、一般に、慣れない人や慣れない状況が苦手で、神経を高ぶらせるようです。

このタイプの子どもには、なんとなく虫が

は、よく慣れた人の心模様にも敏感に反応します。たとえば、母親が床にこぼされたジュースを黙って始末しているとき、また、ばらまかれたブロックを疲れた様子でおもちゃ箱に片づけているとき、子どもはその横顔から、母親の怒りと絶望感をすばやく感じとります。父親と母親が軽い口論を始めただけで、ひどくおびえるのもこのタイプの子どもに多いようです。

神経質な子の多くは警戒心が強いようですので、初対面の人と平気でいっしょに遊ぶようなことはできないようですが、気に入った相手に対しては少し時間がかかるにしても心を開いていきます。たとえば、短時間でも人に預けたいというような場合はこうした子どもの特徴を考えて、あらかじめ何度か会っておくなど、徐々に慣らしていくといった配慮が必要でしょう。

物への感受性が強いのもこのタイプの特徴です

物への感受性が鋭いということは、赤ちゃんのときから光や物音に反応しやすいといった特徴をもっていることと関係あるかもしれません。ちょっとした物音ですぐ目を覚ましたり、嫌いな食べ物はすぐ口から吐き出すなどということが見られます。洋服の好みがうるさいのは皮膚感覚が鋭敏で、着るとチクチクするからというような素材そのものについて注文があるのか、あるいは配色への注文なのか、よくわかりませんが、親が着せようとする服をいやがることがあります。自分の着る服だけでなく、母親が黒っぽいものを着ると「イヤ」と言うこともあります。

就眠時には、部屋を暗くしていつものお話をしてもらい、そのあと子守歌を聴くといった、一連の「就眠儀式」がすまないと寝つけない子もいますし、お布団に入るときには、お気に入りのタオルや毛布が必要だったりするのも、神経質な子には多いようです。過敏で不安定になりやすい自分自身を慰めようとしているのかもしれません。

神経質な子どもは、大人にはなんでもないようなものに思いがけない強い反応を示すことがあります。リビングボードにおかれている置物をこわがったり、保育所の部屋にある人形が嫌いだったり、はたまたおばあちゃんの部屋の前の廊下にひとりで行けなかったり、ときには砂場に足を入れるのが不快だったり、というような子もいます。「ちょっと過敏なのでは?」と思う場合でも、過敏であることを責めることはできませんから、あまり緊張しすぎることがないよう気をつけてやらねばなりません。

両親の対応の仕方しだいで子どもの緊張はやわらぎます

神経質な子どもの両親は、どちらかというと手がかかるわが子のとり扱いに苦労するものですが、両親のほうでも子どもに対して「神経質」にふるまうことが多いように思われます。鶏が先か、卵が先かというような議論になりますが、このタイプの子がいちばん上の子に多いのは、やはり両親の養育態度が大きく影響していると言わねばなりません。

たとえば、物音に敏感ですぐ目覚めるという子どもの場合、第一子ですと、周りが大人ばかりですので、子どもが眠っている時間はできるだけ音を立てないようにして過ごすことができますが、二番目以降ですと、普通の場合は、上の子の騒がしさからのがれることはむずかしいので、それほど静けさが保たれていない環境でもよく眠るようになるものです。また、初めての赤ちゃんのときには、親は哺乳びんなどをとても神経質に消毒して使用するものですが、二番目からは、かなりそのあたりがいいかげんになるというのもよく聞かれることです。育児に慣れてくると親の構えがずいぶん違ってくるものですよね。

何事にもいいかげんになれというわけではありませんが、もともと神経質な子どもに対しては、親は普通以上に神経質に対応してしまうものですから、それが相互に影響し合って、ますます親と子の「神経質傾向」が強められてしまいがちです。

両親の間では、たとえば母親が神経質であれば、父親はその反対にふるまうといったように、バランスをとる必要がありそうです。2才くらいになりますと、子どもの要求に添った、ていねいな扱い方が必要なときと、乱暴で雑な扱い方をされるほうがうれしいときとがあります。父親が母親とは違った対応をすると、子どもの緊張がやわらいで、内部に蓄積されたエネルギーが発散されやすくなるでしょう。

親が子どもの過敏な反応を恐れて外出する機会が少なくなったり、決まった種類の食べ物しか与えなかったり、毎日できるだけ同じやり方で生活を送らせようとするのは、あまりよいこととはいえません。

刺激に対して過敏であるというのは、アレルギー体質というのとはまた別のことです。子どもは日々変化していくものですから、過敏な神経を保護してやることもたいせつですが、子どもをいろいろな刺激から隔離することは不可能ですから、親としては、刺激に対する免疫がついていくよう、機会を与えることも心がけていかねばなりません。

part 5

子どもの個性を楽しむ

ときに親と子の個性がぶつかることもあります

子どもの性格が「自分に似ている」と思える場合は、「まあ、しかたないか」と納得できたりするのですが、「こうのとりがどこかの赤ちゃんとまちがえて運んできたのか」と思えるほど親とは何もかも似ていなくて、子どもの引き起こすトラブルにひどく手をやいている場合、親としては子どもを無理やり押さえつけようとしたり、子どもをうまく扱えないことですっかり自分に自信がなくなってしまったり、といった態度をとりがちです。

子どもに「当たり、はずれ」があって、たまたま「自分にとって扱いやすい」という子に当たれば、「ラッキー」というところですが、一生「ラッキー」がつづくかどうかはわかりません。いまは「はずれ」に見えても、どんどん変わっていって、みごとに「大当たり！」になるかもしれませんから。もちろん、子どもとの関係の中では、心配や問題が完全に消えてしまうものではないでしょうから、お母さんが90才になっても68才の息子の行動が心配、などという事態も起こるものです。とにかく、初めて1～2才児の育児を経験しているお母さんに言っておきたいことは、い

スーパー

まがいちばんたいへんな時期で、ほとんどの子どもは4才前後で見違えるほど扱いやすいおりこうさんになっていきます。

子どもに「当たり、はずれ」があると言いましたが、子どもから見ると、親にも「当たり、はずれ」があると主張したいところだと思います。子どもは、自分の要求をよく理解してくれる親、ニコニコして遊びを見ていてくれる親は「当たり」、すぐに疲れたり、堪忍袋の緒が切れたりしてどなってばかりいる親、なんでもかんでも親のペースで物事を運んでいこうとする親は「はずれ」だと思っているに違いありません。

母親も息抜きをして気持ちに余裕をもちましょう

家庭は親と子の個性のぶつかり合うところです。しかし、親のほうが権力者であることは確かですので、親は頭で描いた「こうあるべき子ども像」「こうあるべき2才児像」に自分の子どもを合わせようとして力をふるおうとします。ギリシャ神話に「プロクルステスのベッド」というお話がありますが、それはプロクルステスという悪者が旅人をつかまえてきてベッドに縛りつけ、そのベッドから足が出ると切り落とし、短いと道具で引き伸ばしたというお話です。「シンデレラ」のお話でも、ガラスのくつがはけるようにと、シンデレラのお姉さんたちのかかとを切ろうとする母親が出てきますね。親である場合は、限りない善意から出発していることは確かなのですが、一歩間違うと、プロクルステスやシンデレラの継母のようなことをしてしまうことがあるのです。

子どもの個性は認められなければなりませんが、それと同時に、親もすこやかに生活する権利があります。お母さんの中には24時間子どもに縛りつけられてイライラしているよりは、働きに出たほうがよほど精神的ストレスの少ない「いいお母さん」になれるという人もいます。「小さい子どもがいるのに、推理小説を読んだり、音楽会に出かけていったりするなんて……」と母親の行動を批判する一部の頭のかたい人たちもいないわけではありませんが、それぐらいのことで母親のエネルギーが再充電されるのでしたら、だれになんと言われても、自分自身の時間をもてるように工夫したほうがよいでしょう。

もっとも悪いのは、「私がこんなに一生懸命がんばっているのに……」と子どもや家族に当たり散らすパターン。まじめすぎるお母さんは、ヘタをするとこういうことになりがちですから、適当に息抜きをして、気持ちに余裕をもたせたほうがよさそうですね。育児は勉強とは違って、まじめにがんばりぬけば大成功をおさめるというものではありませんから。

いずれにしても、それぞれの家庭の状況に応じて、親も子もそれぞれが個性を伸ばせるようになることが、もっと考えられてよいのではないでしょうか。当初は家族間の要求がぶつかり合ってぎくしゃくするようなことがあるかもしれませんが、長期的に見ると、そのほうが家族のだれもが幸福を感じる生活を送れるようになるはずです。

「いま」をしっかりと楽しく

「あのとき、ああしたからこうなったのかしら」とか「こんなふうだと大きくなったらもっと困った問題が起きるに違いない」とかといったように、過去に起こったでき事をふり返って「いま」の子どもの行動と結びつけたり、未来のことを予想して思い悩んだりする親がいます。この思考パターンにとりつかれると、ずっとこの思いからのがれられなくなり、ほかの考え方を聞かされても、なぜか耳に入らなくなるようです。

「過去」に目がいく親は、問題行動が生じると、必ず子どもが小さかったときの育児のやり方にその原因をさぐろうとする悪いクセをもっています。たとえば、2才ごろでは睡眠が不規則で、親が思うようにはなかなか眠ってくれないという子が多くいますが、こうした問題が生じると、「赤ちゃんのとき、あまりだっこしてやらなかったからかしら」「添い寝してやらなかったからかしら」と、以前の育児にその原因を求めようとします。しかし考えてみれば、過去に生じたことならどんなことでも「原因」にすることができるので、「添い寝をしなかった」ことも「添い寝ばかりしていた」ことも、どちらも「いま」の睡眠の問題と関係づけることは可能です。しかし、何事も「過去」に結びつけて考える態度はあまり「前向き」でないので、採用しないほうが賢明と言えるでしょう。

一方「未来」と結びつけることはどうでしょうか。一見前向きのように見えますが、「大きくなったらこんなふうな子になってくれるように」といった親の夢や期待は、ときとして子どもにとって迷惑なものとして映るかもしれません。また、「現在の子どもの行動は、将来のこのような行為とつながるに違いない」と想像し、その結果、「このままでは乱暴な嫌われ者になってしまう」や「将来うそつきになるに違いない」といった悪い想像をするのも考えものです。このような場合、子どものなんでもない行動にゆがんだ解釈をしてしまい、その考え方でしか子どもを見ることができなくなってしまい、かえって幼心を傷つけてしまうかもしれません。

幼い子を育てている親が、子どもの「過去」や「未来」に目が向くことはしかたのないことですし、それがあってこそ、子育ても活力を得るのでしょう。しかし、子ども自身は「いま」を生きているのですから、親もしっかりと子どもの「いま」を見つめ、「いま」が豊かになるよう援助することがたいせつです。子どもの個性を受け止め、慈《いつく》しみ、励ます喜び……。せっかく親になったのですから、子どもとともにある「いま」を親も思い切り楽しむことができたら最高ですね。

子どもは、小さな虫を追いかけ、木もれ日をまぶしがり、水の冷たさに歓声を上げます。ときに天使、ときに小悪魔。子どもとともに、ゆっくりとした時を過ごすと、大人になって忘れてしまっていた幼い日々の体験が鮮やかによみがえってくることでしょう。

Staff

●装丁・本文デザイン
漆戸香江
●表紙カバーイラスト
のぶみ
●本文イラスト
比留間幸子　はんにゃちあき
●編集協力
梅木里佳
●編集担当
松井元香（主婦の友社）
＊本書は、主婦の友社から刊行された『2才児 自立心とやる気を伸ばすしつけ』を、社会の変化に合わせて、改訂したものです。

個性と心をはぐくむ
2才児
イヤイヤ期の育て方

平成16年8月10日　第1刷発行　平成20年7月10日　第8刷発行

著者／佐藤眞子
発行者／村松邦彦
発行所／株式会社主婦の友社
〒101-8911　東京都千代田区神田駿河台2-9
電話（編集）03-5280-7537
電話（販売）03-5280-7551
DTP製作／（株）アド・クリ
印刷所／図書印刷株式会社

ISBN978-4-07-242306-6